Fritz Redl / David Wineman
Steuerung des aggressiven Verhaltens beim Kind

Die meisten Bücher zum Thema »Aggression« beschäftigen sich mit Entstehungsbedingungen und mit langfristig angelegten pädagogisch-therapeutischen Zielsetzungen. Erzieher, Eltern, Lehrer fühlen sich aber allein gelassen in konkreten Situationen, in denen Kinder aggressiv sind; trotzdem sind sie gezwungen, erzieherisch einzugreifen. Welche Möglichkeiten des Eingreifens gibt es? Welche Folgen kann das haben? Was ist jeweils zu beachten? Diese und weitere Fragen werden im vorliegenden Band ausführlich behandelt. Es wird eine breite Palette von Interventionstechniken vorgestellt, die für solche Augenblicke, in denen notwendigerweise eingegriffen werden muß, konkrete Anregungen und Hilfen geben will.

Fritz Redl, geb. 1902, war Lehrer, Erziehungsberater und Psychoanalytiker in Wien. 1936 emigrierte er in die USA. Seine Arbeit mit schwer gestörten und aggressiven Kindern – mit »Kindern, die hassen« – machte ihn weltweit bekannt. Bis zu seiner Emeritierung 1973 war er Professor für Verhaltenswissenschaften an der Wayne State University in Detroit.
David Wineman ist Professor für Sozialpädagogik an der Wayne State University in Detroit. Er war Redls Mitarbeiter in verschiedenen Projekten mit gestörten Kindern.

Serie Piper:

Fritz Redl / David Wineman

Steuerung des aggressiven Verhaltens beim Kind

Herausgegeben und
mit einer Einleitung
von Reinhard Fatke

R. Piper & Co. Verlag

Übersetzung aus dem Amerikanischen
von Norbert Wölfl und Reinhard Fatke
Die Originalausgabe unter dem Titel »Controls From Within«
erschien bei The Macmillan Company, New York 1952.

ISBN 3-492-00429-6
3. Auflage, 9.–12. Tausend 1982

Umschlag Wolfgang Dohmen
Gesetzt aus der Garamond-Antiqua
Gesamtherstellung Clausen & Bosse, Leck
Printed in Germany

Inhalt

Einleitung von Reinhard Fatke

I

»Aggressives Verhalten« ist in den letzten Jahren zu einem vieldiskutierten Thema geworden. Der bereits längere Zeit zurückliegende Streit zwischen den Vertretern der Psychoanalyse, die Aggressionen vor allem als Folge von tiefsitzenden seelischen Konflikten ansahen, und den Vertretern des Behaviorismus, für die aggressives Verhalten hauptsächlich auf Lernprozessen in der Beobachtung und Nachahmung von Verhalten anderer beruhte, war schon eine Weile abgeebbt, als Ergebnisse aus der Tierverhaltensforschung, insbesondere die Arbeiten von Konrad Lorenz, die Diskussion neu entfachten. Weitere Nahrung erhielten die Auseinandersetzungen um die Ursachen und Erscheinungsformen von Aggression ohne Zweifel durch die weltweite Zunahme von Gewaltakten in den vergangenen Jahren. Dadurch sind die Bedeutung dieses Phänomens und die Dringlichkeit, sich näher mit ihm zu beschäftigen, ins allgemeine öffentliche Bewußtsein gedrungen.

Das vorliegende Buch ist kein neuerlicher Versuch zur Klärung dieses Phänomens, für das die Bezeichnung »aggressives Verhalten« eher eine Sammelrubrik als ein klar abgegrenztes und eindeutig beschreibbares Konzept darstellt. Den kaum noch überschaubaren Versuchen zur Definition und Erforschung »aggressiven Verhaltens« im Hinblick auf determinierende und auslösende Faktoren in der Persönlichkeit, der Situation, der gesellschaftlichen Struktur u. ä. wird mit diesem Buch auch kein weiterer Beitrag hinzugefügt. Es geht also weder um theoretische Konzepte noch um allgemeine Aggressivität in heutiger Zeit, sondern ganz speziell um *konkrete aggressive Handlungen von Kindern* in bestimmten Situationen; und auch hierbei steht nicht die Frage, wie es zu diesen Handlungen kommt, im Vordergrund des Interesses, sondern wie man als Erzieher diesen Handlungen begegnen, wie man aggressives Verhalten *steuern* kann.

II

Aggressives Verhalten fordert den Erzieher heraus, es stellt ihn in Frage und trifft ihn meist ratlos. Dies erleben Eltern, Lehrer und andere Erzieher im tagtäglichen Umgang mit Kindern. In ihrer Ratlosigkeit suchen sie oft Hilfe beim sog. »Fachmann«, in der Regel einem Psychologen oder Therapeuten (gleich welcher klinischen Richtung). Von diesen erhalten sie meist zwar allerlei Aufklärung über die Ursachen und Zusammenhänge der Aggression, aber kaum eine konkrete Hilfe für das Umgehen mit aggressiven Handlungen in einer ganz spezifischen Situation. Selbst ein Rat dazu, wie sie sich verhalten sollen, ist nicht ohne weiteres auf die jeweilige Situation eines aggressiven Ausbruchs übertragbar. Gewiß sind diese Aufklärungen über Ursachen und Zusammenhänge und solche allgemeinen Verhaltensratschläge notwendig und auch von gewissem Wert, aber sie reichen nicht aus. Am Ende stehen die Eltern (oder andere Erzieher) dann doch wieder da und fragen sich: »Aber was mache ich, wenn Tom plötzlich seinen kleinen Bruder schlägt?«

Genau dies ist der Ausgangspunkt der Überlegungen in diesem Buch: Die Autoren konstatieren eine Kluft zwischen der alltäglichen Praxis des Erziehers einerseits, die ständig zu Reaktionen auf kindliches Verhalten und oft zum Eingreifen herausfordert, und der therapeutischen Reflexion über tiefliegende seelische Probleme und Kausalzusammenhänge andererseits. In diesem Buch wird der Versuch unternommen, diese Kluft zu überbrücken. Eine Vermittlung beider Bereiche kann aber nur dann gelingen, wenn zum einen die Therapeuten die Anforderungen, denen die Erzieher durch das Verhalten der Kinder ununterbrochen ausgesetzt sind, ernst nehmen und in ihre therapeutische Reflexion einbeziehen und zum anderen die Erzieher die therapeutischen Konsequenzen ihrer Reaktionen und Eingriffe genauer abschätzen.

Voraussetzung für solche Vermittlungsprozesse ist jedoch das Suchen nach ganz anderen Informationen und Daten, als es in der bisherigen psychologischen Forschung und Praxis geschehen ist. Was man wissen muß, um eine Diagnose zu stellen, ist etwas ganz anderes, als was man wissen muß, um mit einem Kind in einer ganz bestimmten Situation – zu Hause, in der Schule, im Erziehungsheim

o. ä. – umzugehen. Zum Beispiel: Ein Kind kommt mißgelaunt und innerlich gespannt morgens in die Schule; oft führt diese Stimmung bei ihm zu einem heftigen Wutausbruch, sei der Anlaß auch noch so nichtig. Als Lehrer möchte ich nun gern folgendes wissen: Wenn ich auf das Kind zugehe, ihm meine Hand auf die Schulter lege und zu ihm sage: »Du brauchst im Augenblick gar nichts zu tun; ich komme in ein paar Minuten wieder, und wenn dich irgend etwas ärgert, kannst du es mir sagen.« – hilft ihm dies dann, sich zu entspannen, so daß es nach einer Weile wieder aus seiner Stimmung herauskommt . . . oder geht es gleich »in die Luft« und kriegt einen Wutanfall, wenn ich mich ihm nur nähere?[1] Dies ist die Art von Information, die für den Umgang mit Kindern, speziell aggressiven Kindern, mindestens ebenso wichtig ist wie Daten aus ihrer Lebensgeschichte.

III

Die im vorliegenden Buch durchgängige Betonung der symptomatischen Aspekte am Verhalten mag manchem – insbesondere demjenigen, der aggressives Verhalten auf seelische Konflikte zurückzuführen gewohnt ist – recht behavioristisch klingen, also so, als gälte es, lediglich die Verhaltenssymptome zu beeinflussen. Dies wäre jedoch ein grobes Mißverständnis der Position der Autoren; ihnen geht es vielmehr um das Ernstnehmen der Tatsache, daß es für ein Kind – selbst oder gerade wenn es in therapeutischer Behandlung ist – außer der einen Stunde seiner therapeutischen Sitzung noch »die anderen 23 Stunden«[2] des Tages gibt – und für den Erzieher, der mit diesem Kind zu tun hat, ebenfalls. In diesen anderen 23 Stunden, so lautet die Antwort der Autoren auf dieses Problem, muß das Kind einer Atmosphäre, einem Aktivitätsprogramm und einem pädagogischen Verhalten seitens der Erzieher ausgesetzt sein, die allesamt das einheitliche, langfristig angelegte Therapieziel unterstützen. Die Entwicklung eines solchen Konzepts von pädagogisch orientierter Therapie oder psychotherapeutisch orientierter Pädagogik ist das Hauptanliegen der Autoren[3]. Dabei ist mit »Konzept« nicht nur ein theoretischer Rahmen gemeint, sondern vor allem das Aufzeigen praktischer Handlungsmöglichkeiten mit ihren Konsequenzen.

IV

Die in diesem Buch aufgezeigten Handlungsmöglichkeiten – oder »Interventionstechniken« – zur »Steuerung des aggressiven Verhaltens beim Kind« finden Anwendung in allen Lebensbereichen, in denen der Erzieher mit solchem Verhalten konfrontiert ist, also im Bereich der Familie, des Kindergartens, der Schule, der Jugendarbeit und vor allem des Erziehungsheims. Dies wird in den Ausführungen deutlich, auch wenn die illustrierenden Beispiele aus demjenigen Erfahrungsbereich stammen, der die Grundlage der gesamten wissenschaftlichen und praktischen Arbeit der Autoren bildet: aus den Erfahrungen im Umgang mit schwer gestörten Kindern.

Dies sind Kinder voller Haß und Feindseligkeit gegen die Welt der Erwachsenen, in den kriminalisierenden Slums der Großstadt verwahrlost, in fast undurchdringlicher Abwehrhaltung gegen die Realität verfestigt, in ihren Ich-Funktionen schwer gestört und ohne innere Kontrollen über ihre Impulsivität. Dies sind »Kinder, die hassen« (so nannten die Autoren ihr berühmt gewordenes Buch[4]), »Kinder, die niemand will« (so lautet die Widmung jenes Buchs), u. a. weil sie herkömmlichen Formen therapeutischer Behandlung oder sonderpädagogischer Maßnahmen nicht mehr zugänglich waren.

Mit einigen solcher Kinder begannen die Autoren 1946 ein »Experiment im Zusammenleben« in einem Heim in Detroit, das sie *Pioneer House* nannten. Während der relativ kurzen Dauer dieses Experiments (nach knapp zwei Jahren mußte es wegen fehlender finanzieller Unterstützung abgebrochen werden) entwickelten die Autoren differenzierte theoretische Konzepte, mit denen sie das ungewöhnliche Verhalten der Kinder aufzuschlüsseln und zu begreifen suchten: »Das Ich, das seine Aufgaben nicht erfüllen kann«, die »Abwehrtechniken des delinquenten Ich«, die »Pathologie eines kranken Gewissens« – dies sind die zentralen Stücke ihrer Theorie und zugleich die Hauptteile ihres Buchs »Children Who Hate«.

Aber sie suchten und fanden auch Antworten auf die Frage: Was tue ich mit diesen Kindern, wie verhalte ich mich ihren Aggressionen gegenüber? In dem Buch »Controls From Within«[5] legten sie detailliert dar, wie ein therapeutisches Heim strukturiert sein muß, wie ein Aktivitätsprogramm, das der Unterstützung der Ich-Funktionen dienen und die »Kontrollen von innen« aufbauen helfen soll, beschaffen ist, wie die Interventionstechniken zur Steuerung aggressiven Verhaltens aussehen und welche spezifischen Techniken eingesetzt werden können, um alltägliche Erlebnisse im gewohnten Lebensraum des Kindes für therapeutische Zwecke nutzbar zu machen[6]. In diesen Zusammenhang gehören die hier vorgestellten Interventionstechniken zur Steuerung aggressiven Verhaltens.

V

Mit den beiden genannten Büchern (seit 1957 auch in einer einbändigen Ausgabe unter dem Titel »The Aggressive Child« zusammengefaßt) vermittelten die Autoren eine Fülle neuer Einsichten, die für den Umgang mit gestörten Kindern und Jugendlichen in der Folgezeit richtungsweisend wurden. Hiermit wurde die psychoanalytische Pädagogik, die schon in den zwanziger und dreißiger Jahren in Wien (bis zum Beginn der nationalsozialistischen Herrschaft) von Pädagogen und Psychoanalytikern in gemeinsamen Bemühungen konzipiert und praktiziert wurde (im Bereich der Arbeit mit Verwahrlosten insbesondere von August Aichhorn), wieder aufgenommen und konsequent weiterentwickelt. Zusammen mit der Arbeit von Bruno Bettelheim in der *Orthogenic School* in Chicago[7] bildete Fritz Redls *Pioneer House*-Experiment den Ausgangspunkt einer Vielzahl neuer Experimente mit schwer gestörten Kindern und Jugendlichen und ähnlicher Gründungen von therapeutischen Heimen.

In der Bundesrepublik Deutschland ist erst seit wenigen Jahren eine verstärkte Aufmerksamkeit auf die Arbeit mit gestörten Kindern und Jugendlichen zu verzeichnen. Auch hier hat man weitgehend auf die theoretischen Konzepte und praktischen Anregungen Redls und Bettelheims sowie ihrer amerikanischen Nachfolger zurückgegriffen. Um so wichtiger erscheint es, daß deren Schriften nunmehr auch in deutscher Sprache veröffentlicht werden. Zwar sind Redls Bücher schon vor rund 25 Jahren erschienen, aber in ihrer Aussagekraft haben sie nichts eingebüßt, und auch in ihren Forderungen und Anregungen für die Praxis sind sie von der Entwicklung, die in der Zwischenzeit stattgefunden hat, bis heute nicht eingeholt worden.

Nachdem bereits 1970 einige Kapitel aus »Children Who Hate« in deutscher Übersetzung erschienen und 1971 eine Sammlung von Aufsätzen Redls unter dem Titel »Erziehung schwieriger Kinder« herausgegeben worden sind[8], wird mit diesem Band ein zentrales Kapitel aus dem Buch »Controls From Within« vorgelegt, und zwar das vollständige dritte Kapitel über »Techniques for the antiseptic manipulation of surface behavior«. Die übrigen Kapitel des genannten Buchs sollen später in einer eigenen Ausgabe folgen. Das vorliegende Kapitel wird vor allem deshalb gesondert publiziert, weil es am weitesten über den Rahmen therapeutischer Heimerziehung hinausgeht und eine Fülle von konkreten Anregungen auch für Eltern, Lehrer und Erzieher in anderen Bereichen enthält. Zwar sind nicht alle Kinder, deren aggressives Verhalten uns zu schaffen macht, so »haßerfüllt« wie die Kinder aus dem *Pioneer House,* aber sie alle bedürfen unserer Hilfe beim Aufbau bzw. beim Unterstützen der »inneren Kontrollen«.

VI

Abschließend noch einige Bemerkungen zur Übersetzung und zu terminologischen Besonderheiten: Ist schon jede Übersetzung ein schwieriges Geschäft, so kommt in diesem Fall hinzu, daß sich die Autoren recht eigenwilliger sprachlicher Neuschöpfungen und ungewohnter Wortverwendungen bedienen, wofür im Deutschen nicht immer die geeigneten Entsprechungen vorhanden sind. Dennoch wurde versucht, die sprachliche Originalität und die Lebendigkeit der Darstellung auch in der Übersetzung zu erhalten. Wo es angebracht schien, wurde die amerikanische Formulierung in einer Anmerkung hinzugefügt[9].

Eigenwillige Wortverwendungen finden sich besonders überall da, wo sich die Autoren der medizinischen Terminologie zur Kennzeichnung psychologischer und pädagogischer Sachverhalte bedienen. Es ist die Rede von »Ansteckung«, »Vergiftung«, »Antisepsis«, »Hygiene«, »Pathologie« usw. In manchen Fällen klingen diese begrifflichen Entsprechungen ungewohnt. Sie sind aber charakteristisch für die Denkweise der Autoren, denn ihnen geht es in einer Zeit – es sei daran erinnert, daß ihre beiden Bücher in Amerika erstmals 1951 und 1952 erschienen –, in der aggressives und delinquentes Verhalten noch weitgehend als anlagebedingte Bösartigkeit eingestuft wurde, ganz besonders um die Sichtweise, daß die aggressiven und delinquenten Kinder ganz einfach – seelisch – krank sind und besonderer Hilfe, die der ärztlichen Behandlung ähnlich ist, bedürfen, nicht aber einer Bestrafung durch gesetzliche Sanktionen. Hierin liegt das besondere Verdienst der Anwendung des sog. »medizinischen Modells« auf Verhaltensstörungen.

Daß dies Modell in neueren Diskussionen – aus manchen einleuchtenden Gründen – wiederum kritisiert und durch andere theoretische Modelle ersetzt bzw. ergänzt worden ist, ändert nichts daran, daß, vor allem in der Bundesrepublik, immer noch eine große Notwendigkeit besteht, die »vormedizinische« Aburteilung von Verhaltensstörungen als anlagebedingte Bösartigkeit zu bekämpfen. In diesem Bemühen empfiehlt sich das »medizinische Modell« als nicht die schlechteste Methode.

Anmerkungen

1 Dieses Beispiel gibt Fritz Redl: Children's Village in an age of unrest. Implications for program and staff development. In: Current Issues 3 (1969), S. 1–13. (The Children's Village, Dobbs Ferry, N.Y.)
2 So lautet des Titel eines Buchs, das in unmittelbarer Nachfolge der Arbeiten von Redl und Wineman steht: Albert E. Trieschman / James K. Whittaker / Larry K. Brendtro: The Other 23 Hours. Chicago 1969. (Deutsch: Erziehung im therapeutischen Milieu. Ein Modell. Freiburg 1975.)
3 Das gesamte Lebenswerk Fritz Redls ist von diesem Bemühen geprägt. Von seinen ersten Anfängen als Lehrer und Psychoanalytiker im Wien der zwanziger Jahre bis zu seinen Forschungen und praktischen Tätigkeiten in den USA bis in die Gegenwart hat er sich für eine Vermittlung von Psychoanalyse und Pädagogik eingesetzt, eine Vermittlung, die in erster Linie dem Erzieher bei der Erfüllung seiner pädagogischen Aufgaben und der theoretischen Bearbeitung pädagogischer Problemkreise helfen soll. Siehe ausführlich zu seiner Biographie und seinem Werk die Einleitung von R. Fatke zu Fritz Redl: Erziehung schwieriger Kinder. München 1971.
4 Fritz Redl / David Wineman: Children Who Hate. The Disorganization and Breakdown of Behavior Controls. Glencoe, Ill. 1951.
5 Fritz Redl / David Wineman: Controls From Within. Techniques for the Treatment of the Aggressive Child. Glencoe, Ill. 1952.

6 Die wichtigsten Gedanken hierzu – wobei insbesondere das »Konzept des therapeutischen Milieus« und das »Life-Space Interview« herausragen – sind noch einmal in Aufsätzen zusammengefaßt worden und in einem Sammelband enthalten: Fritz Redl: When We Deal with Children. Selected Writings. New York 1966. Eine Auswahl daraus liegt auf deutsch vor unter dem Titel »Erziehung schwieriger Kinder«, München 1971.

7 Siehe vor allem Bruno Bettelheim: Liebe allein genügt nicht. Die Erziehung emotional gestörter Kinder. Stuttgart 1970; Bruno Bettelheim: Der Weg aus dem Labyrinth. Leben lernen als Therapie. Stuttgart 1975.

8 Fritz Redl / David Wineman: Kinder, die hassen. Freiburg 1970. (Zur Auswahl und Übersetzungsqualität dieser Ausgabe vgl. die Rezension von R. Fatke in: Zeitschrift für Pädagogik 16 [1970]. S. 854–857.) – Fritz Redl: Erziehung schwieriger Kinder. Beiträge zu einer psychotherapeutisch orientierten Pädagogik. München 1971.

9 In weiteren Anmerkungen des Herausgebers, die sich am Ende dieses Bandes, S. 126f., finden, werden Erläuterungen zum Text und Hinweise auf weiterführende Literatur gegeben.

Steuerung des aggressiven Verhaltens beim Kind

In der traditionellen Psychiatrie geht es dem Praktiker in erster Linie darum, tiefliegende Probleme langfristig zu beeinflussen und Kausalketten zu unterbrechen, die zu »symptomatischem Verhalten« führen; er befaßt sich nicht so sehr mit diesem Verhalten selbst[1]. Er mag sogar ungehalten reagieren, wenn ihn Eltern oder Erzieher mit Fragen belästigen wie: »Aber was mache ich, wenn Tom plötzlich seinen kleinen Bruder schlägt?«

Derjenige, der mit dem Kind zusammenlebt, also Vater und Mutter, Lehrer, Sozialarbeiter, Betreuer und insbesondere der Erzieher im Ferienlager, im Heim oder in ähnlichen Einrichtungen, scheint das Problem gewöhnlich vom anderen Ende her anzupacken: Geplagt von dem Ärger über unangenehme, unerwünschte, pathologische oder vielleicht sogar gefährliche Verhaltensausbrüche seiner Kinder und beladen mit der Verantwortung für das Wohl der anderen Kinder, wenn bei einem Kind solche Symptome auftreten, hält er in der Regel nicht viel von zwar faszinierenden, aber ziemlich weit ausholenden Abschweifungen in den Bereich langfristiger therapeutischer Ziele. Er verlangt wahrscheinlich eine unmittelbare Antwort auf die Frage: »Aber wie verhindere ich jetzt im Augenblick, daß das Kind dieses oder jenes tut?«, und er ist wenig geneigt, sich eine Rekonstruktion sämtlicher Entwicklungen anzuhören, die dieses Verhalten ausgelöst haben könnten.

Etwa seit den vierziger Jahren hat dieses Problem etwas vom Anstrich des Theoretischen verloren, zumal es eine rasche Entwicklung in der »Psychohygiene«[2] als einer Art Puffer zwischen der therapeutischen Arbeit und der Bewältigung alltäglicher Verhaltensprobleme gegeben hat. Die vernünftigen Vertreter beider Richtungen wissen heute, daß dies eigentlich gar keine Streitfrage ist. Der scheinbare Widerspruch und die gelegentlich auftretenden Meinungsverschiedenheiten zwischen den beiden Richtungen ergeben sich mehr aus den Beschränkungen und Eigentümlichkeiten des jeweiligen Erfahrungsrahmens als aus einer grundsätzlichen Widersprüchlichkeit. Es besteht Anlaß zu der Hoffnung, daß eine weitere Annäherung zwischen Therapie und Psychiatrie einerseits und der alltäglichen Praxis des Erziehers andererseits stattfindet.

Für unsere vorliegende Aufgabe bedeutet diese Kluft zwischen »naiver pädagogischer Praxis« und »therapeutischer Reflexion über Kausalzusammenhänge« eine Herausforderung, der man sich nicht entziehen kann. In dem Augenblick, wo nämlich ein Therapeut in das natürliche Gruppenleben gestörter Kinder eintritt, sei es nun in einem Club oder in einem Ferienlager, insbesondere in einem »therapeutischen Heim«, kann er sich nicht länger der Aufgabe entziehen, in das Verhalten der Kinder einzugreifen. Gleichzeitig muß er sein Eingreifen dem strengen Maßstab der »therapeutischen Antisepsis«[3] unterwerfen. Dieses Problem müssen wir lösen, gleichgültig ob die beiden genannten Richtungen dazu schon bereit sind oder nicht. Dies hat weitreichende theoretische Implikationen, mit denen wir uns hier aber nicht befassen können; es seien jedoch drei Grundsätze festgehalten, die für alles Folgende gelten:

(1) Der Therapeut wird die Tatsache ernst nehmen müssen, daß derjenige, der unmittelbar mit den Verhaltensproblemen von Kindern leben und für das Zurechtkommen der anderen mit den Symptomen eines Kindes sorgen muß, mit einem Problem konfrontiert ist, dessen Implikationen weit über das hinausgehen, womit sich die Psychiatrie in erster Linie befaßt. Es ist dies das Problem des unmittelbaren Eingreifens in Verhalten, der »Steuerung von Symptomen und des Zurechtkommens mit ihnen«. So ergeben sich im Leben, unabhängig von der therapeutischen Zielsetzung, viele Situationen, in denen aus Gründen des Realitätsprinzips ein Eingriff in das unmittelbare Verhalten von Kindern notwendig wird. Unabhängig davon, aus welchen Gründen beispielsweise ein Junge sadistische Neigungen entwickelt hat, muß der Gruppenleiter, der für das Wohl aller Kinder in seiner Gruppe verantwortlich ist, verhindern, daß dieser kleine Sadist seinem Kameraden ein Auge ausdrückt. Oder bei einem Mädchen, das an einem bestimmten Punkt seiner Entwicklung den Drang verspürt, dem Druck gewisser Situationen im Leben auszuweichen, kann es manchmal wichtig sein, die Frage zu stellen, nicht wie es von seiner zugrundeliegenden Störung geheilt werden könne, sondern wie es jetzt an Ort und Stelle wieder in die Gruppe zurückgeholt werden kann, statt es im Kino sit-

zenzulassen, wenn alle anderen ganz offensichtlich nach Hause gehen müssen. Aber denken wir auch an die Auswirkungen einer gruppenpsychologischen Überstimulierung. Trotz aller Vorsichtsmaßnahmen kann sich eine Gruppe von Kindern in einen Erregungszustand hineinsteigern, der, wie wir mit Sicherheit vorhersagen können, schon im nächsten Augenblick zur Gefahr eines therapeutisch falschen Verhaltens führt. In diesem Fall hat der Gruppenleiter die Aufgabe, das Verhalten des am meisten überreizten Kindes zu unterbinden, um eine Ansteckung und eine Katastrophe zu verhindern, oder aber bei einigen stärker realitätsbezogenen Kindern einen Widerstand gegen dieses Verhalten zu mobilisieren, um innerhalb der Gruppe ein Gegengewicht zu bilden. In all diesen Fällen heißt die Frage nicht: »Warum tun die Kinder so etwas?«, oder: »Was hat zu der Störung geführt, die ihrem Verhalten zugrundeliegt?«; sondern es geht schlicht und einfach um die Unterbindung eines bestimmten Verhaltens und das Hervorrufen eines anderen Verhaltens. Die Steuerung von Verhalten stellt ein durchaus eigenständiges Problem dar. Der Therapeut hat es häufig entweder ignoriert und als untergeordnete Aufgabe, die ihn nichts angehe, betrachtet, oder aber er hat sich der Illusion hingegeben, daß absolute Nichteinmischung und die Duldung jeglichen Verhaltens ein therapeutisch kluges Vorgehen sei; mit dieser Illusion werden wir uns noch beschäftigen. Somit ist es nicht verwunderlich, daß der Praktiker, der täglich mit verhaltensgestörten Kindern umzugehen hat, zwar all die Beiträge der Psychiatrie und der therapeutischen Arbeit interessant und lohnend findet, aber trotzdem das ungute Gefühl nicht los wird, daß eines der wichtigsten Gebiete seiner Arbeit und Zuständigkeit nur zum Teil anerkannt wird und von Therapeuten und Psychiatern ganz gewiß nicht direkt untersucht und mit Forschungsergebnissen bereichert wird.

(2) Gleichzeitig stehen natürlich Eltern, Lehrer oder Gruppenleiter, die eine therapeutische Absicht verfolgen, noch vor einem weiteren Problem. Sie brauchen nicht nur wirksame Techniken zur Unterbindung oder Erzeugung von Verhaltensweisen, sondern sie müssen auch daran interessiert sein, daß diese Techniken, gleichgültig wie wirksam sie sind, auch »antiseptisch« sind. So mag zum Beispiel der naive Erzieher oder Gruppenleiter schon damit zufrieden sein, daß

er einen guten Trick kennt, um unserem kleinen Sadisten rasch das Messer zu entwinden oder besagtes Mädchen zu bewegen, unverzüglich das Kino zu verlassen und sich ohne Verzögerung den anderen zur Heimfahrt anzuschließen, oder auch denjenigen kurzentschlossen hinauszuwerfen, der im Speisesaal Geschirr zu zertrümmern beginnt, und zwar so rechtzeitig, daß keine Kettenreaktion in Gang kommt. Der Therapeut jedoch – oder besser gesagt, der therapeutisch orientierte Steuerer kindlichen Verhaltens – wird sich zwar auch dafür interessieren, wie wirksam eine Technik ist, mit deren Hilfe man ein bestimmtes Verhalten unterbinden bzw. anregen kann, aber genauso wichtig wird ihm sein, ob die angewandte Technik auch hinsichtlich ihrer Nebenwirkungen für das grundlegende therapeutische Ziel zumindest unschädlich sei.

Es würde nämlich überhaupt nichts helfen, wenn er für die Verhaltensbeeinflussung mit der Zerstörung eben des therapeutischen Ziels, das er ja anstrebt, bezahlen müßte. Er will zwar verhindern, daß der Junge in unserem Beispiel seinem Spielkameraden ein Auge ausdrückt – aber er will das nicht auf eine Art und Weise erreichen, die ihn den mühsam aufgebauten Kontakt zu dem Kind, wofür er wochenlang gearbeitet hat, kostet, so daß er nach diesem Vorfall wieder von vorn beginnen müßte; er will auch nicht, daß in dem Kind ein zusätzliches Maß an Eifersucht und Haß erzeugt wird, denn davon bringt es als Teil seines Problems ohnehin schon mehr als genug mit. Auch in dem Beispiel mit dem Mädchen will der therapeutisch orientierte Praktiker natürlich, daß es zusammen mit den anderen nach Hause fährt, weil die Entfernung zwischen Heim und Kino so groß ist, daß ein Fahrzeug bereitgestellt werden mußte, und weil das Personal für eine Einzelbetreuung nicht ausreicht oder weil es aus Gründen der Gruppenmoral falsch wäre, das Mädchen zurückzulassen. Aber was wäre der Nutzen, wenn es zwar gelänge, das Mädchen zum Besteigen des Wagens zu veranlassen, es sich aber dafür erneut eine Woche lang von allen Aktivitäten zurückzöge, denen es sich gerade erst aufzuschließen begann. Der Therapeut – im dritten Beispiel – muß natürlich die Ansteckungsgefahr einer aufrührerischen Stimmung in größeren Gruppen bedenken, aber er will bestimmt nicht riskieren, daß der Junge, den er hinausgeworfen hat, nun unter seinen Kameraden ein Außenseiter wird oder daß er von nun an den Heiligenschein eines Märtyrers trägt, der sich bei einem Aufruhr erfolgreich als Held hervorgetan hat.

Kurzum: Wer den Versuch unternimmt, das Ziel einer umfassenden therapeutischen Behandlung mit den praktischen Anforderungen des alltäglichen Umgangs mit Kindern in Einklang zu bringen, und wer die Verantwortung für ihr leibliches Wohl trägt, muß sich mit dieser Aufgabe der »antiseptischen Steuerung des Verhaltens« auseinandersetzen, ob er nun will oder nicht.

(3) Es gibt noch einen weiteren Grund für den Wunsch nach einer stärker systematisierten Behandlung des Problems der Interventionstechniken. Wie bereits erwähnt, halten wir völlige Zügellosigkeit nicht für ein gutes klinisches Vorgehen. Nach unser Ansicht werden »psychohygienische Techniken des Eingreifens« nicht nur benötigt, damit man möglichst wenig Schaden anrichtet, wenn eine bestimmte Verhaltensweise bedauerlicherweise, aus Gründen räumlicher, zeitlicher, menschlicher oder sonstiger Begrenzung, bei unseren Kindern oder bei uns selbst unterbunden werden muß. Wir vertreten mit allem Nachdruck den Standpunkt, daß eine »geplante Intervention« manchmal für sich schon ein therapeutisches Instrument sein kann. Mit anderen Worten: Wir wollen nicht nur »wirksam und ohne schädliche Nebenwirkungen an anderer Stelle« eingreifen, um körperliche oder psychologische Schäden von dem Kind oder von der Gruppe fernzuhalten, sondern wir glauben, daß die richtige Art der Intervention, strategisch richtig angewandt, manchmal genau das Mittel sein kann, das uns in unseren therapeutischen Bemühungen einen bedeutenden Schritt weiterbringt.

Wir wissen, daß diese Aussage in den Ohren von Psychiatern und Therapeuten unkonventionell klingen wird. Wir wissen, daß wir uns damit in den Augen der Therapeuten vielleicht sogar dem Verdacht aussetzen, altmodisch zu denken. Dieses Risiko müssen wir eingehen. Hier sei nur festgehalten, daß darin ein weiterer wichtiger Grund für die Behauptung vorliegt, daß eine systematische Untersuchung der Interventionstechniken nach unserer Ansicht eine so wichtige Aufgabe ist.

Die Notwendigkeit einer wohlorganisierten Forschung mit dem Ziel, ein wissenschaftlich haltbares »Instrumentarium der Intervention« in kindliches Verhalten zu entwickeln, beschäftigt uns schon seit vielen Jahren. Zwei Projekte, das ›Detroit Group Project‹ und das ›Detroit Group Project Summer Camp‹[4], haben uns reichlich Gelegenheit und viele wichtige Anregungen gegeben, zu beobachten, Daten zu sammeln, Ergebnisse zu überprüsen und auf diese Weise die rudimentären Grundelemente eines neuen Wissenschaftsgebiets zusammenzutragen. Das völlige Fehlen geordneten Materials auf diesem Gebiet hat uns immer schon Sorgen gemacht, insbesondere dann, wenn unsere Studenten und Mitarbeiter, die die Kinder betreuten, von uns spezifischere Antworten erwarteten, als wir sie den Büchern entnehmen konnten. Wir glauben, daß wir auf der Grundlage unserer Erfahrungen viel Material gesammelt haben, das eine Ausarbeitung lohnt. Hier ist jedoch nicht der Ort, dieses Material vollständig vorzulegen oder im Detail all seinen Verzweigungen nachzugehen. Wir wissen auch, daß wir bisher kaum die Oberfläche des Problems angekratzt haben, und wir können nur hoffen, daß uns die Zukunft Gelegenheit bieten wird, umfassender und gründlicher weiterzuarbeiten.

Um der Gefahr vorzubeugen, daß das hier vorgelegte Material falsch verstanden oder falsch interpretiert wird, seien einige Vorbemerkungen erlaubt.

Was wir präsentieren, ist nur ein geringer Teil des von uns gesammelten Materials. Die Techniken, die wir aufführen, stellen nur einen sehr bescheidenen Beitrag zur Lösung des Gesamtproblems dar. Zum Beispiel die Frage nach der Grundlage für die Entscheidungen, ob überhaupt eingegriffen werden soll oder nicht, und die Frage nach der jeweils geeigneten Technik oder Kombination von Techniken, werden hier ebensowenig behandelt wie das Problem, wie man vorhersehen soll, welche Nachwirkungen bei welcher Technik auftreten können. Wir werden einige der wichtigsten Kriterien für »Indikationen und Kontra-Indikationen« streifen, aber mehr erlaubt der verfügbare Raum nicht.

Wir wissen natürlich, daß ohne diese Spezifizierungen unsere Aufzählung von Techniken viele Fragen offen läßt. Dennoch halten wir diese Aufgabe für wichtig. Wir wollen ganz einfach einige jener Techniken entfalten, die vom therapeutisch orientierten Praktiker in der Gruppenarbeit und, mit Abwandlungen, auch von Eltern und Erziehern angewandt werden können.

Übrigens wird bei keiner einzigen der hier angeführten Techniken der Anspruch einer originellen Neuentdeckung erhoben. Fast jeder, der mit Kindern zu tun hat, wird irgendwann die meisten dieser Praktiken schon angewandt haben. Die Betonung liegt hier auf ihrer Systematisierung und Beleuchtung unter dem Prinzip der »Verhaltens-Hygiene«.

Dies sollten wir im Auge behalten, wenn wir jetzt die antiseptischen Techniken im einzelnen erörtern.

1. Bewußtes Ignorieren[5]

Kindliches Verhalten wird zumeist von einer eigenen, allerdings begrenzten, Energieladung gesteuert und hört von allein auf, wenn diese aufgebraucht ist. Manchmal soll ein bestimmtes Nahziel erreicht werden; dann wird das betreffende Verhalten sofort aufgegeben, wenn entweder dieses Nahziel erreicht ist oder das Kind das Interesse daran verliert. Unter bewußtem Ignorieren verstehen wir das Geschick eines Erwachsenen, das Verhalten des Kindes auf eben diesen Punkt hin einzuschätzen und Eingriffe auf jene Verhaltensweisen zu beschränken, die eine zu intensive Energieladung in sich tragen oder die ohne direktes Eingreifen sich nicht von allein erschöpfen. Dieses Vermögen, richtig zu unterscheiden, bei welchem Verhalten eingegriffen werden muß und welches man besser ignoriert, weil es auf diese Weise am ehesten aufhört, zählt zu den wichtigsten Fähigkeiten eines Gruppenleiters. Es mag überraschend klingen, wenn wir Ignorieren als eine Technik bezeichnen, mit deren Hilfe man etwas unterbindet; aber die folgende Erläuterung läßt hoffentlich keinen Zweifel an der Geplantheit dieses Vorgehens.

Wir wissen, daß einer unserer Jungen immer dann, wenn er sich zum Essen niedersetzt, eine Anzahl ulkiger Verrenkungen vollführt. Wir wissen auch, daß dieses Verhalten von selbst aufhört, sobald auf diese Weise gewisse Spannungen entladen wurden. Es wäre unklug, hier durch ein Einschreiten Kraft und Energie zu vergeuden. Denn das primäre Ziel scheint für den Jungen darin zu bestehen, beim Anblick potentieller Bedürfnisbefriedigung Spannung zu entladen. Ein Einschreiten würde daher die Schwierigkeiten des Jungen vermehren, anstatt sie zu verringern. Solange sich dieses Verhalten im Rahmen des Erträglichen hält und solange eine Ansteckungswirkung auf andere Kinder einigermaßen unter Kontrolle gehalten werden kann, führt Ignorieren mit weniger Aufwand und rascher zum Ziel als jedes Einschreiten. Etwas anderes ist es natürlich, wenn sich derselbe Junge in einen echten präpsychotischen Anfall hineinsteigert, der äußerlich sehr ähnlich aussehen kann, den aber ein aufmerksamer Beobachter zu unterscheiden vermag. Dann wird es wichtig, zum strategisch richtigen Zeitpunkt einzugreifen, um sekundäre Auswirkungen des Anfalls auszuschließen. Ein bewußtes Ignorieren wäre in solchen Fällen fehl am Platz. Die Verhaltensweisen, bei denen bewußtes Ignorieren angebrachter scheint als andere Formen des Eingreifens, müssen realistisch abgeschätzt werden, wobei die Einschätzung manchmal täglich überprüft werden muß. Dazu gehört von seiten des erwachsenen Gruppenleiters ein hohes Maß an Fingerspitzengefühl. Die Technik des bewußten Ignorierens ist auch dann das Mittel der Wahl, wenn das Verhalten des Kindes durch gewisse sekundäre Befriedigungen motiviert ist. Wenn beispielsweise ein Kind versucht, einen Erwachsenen zu einer aggressiven Handlung zu provozieren, indem es auf dessen an sich vernünftige Aufforderungen mit Anschuldigungen und Beleidigungen reagiert, läßt sich dieses Verhalten leichter unterbinden, indem man das negativistische und provozierende Beiwerk überhört, als wenn man darauf einginge.

Ich kam um 8 Uhr morgens ins Heim hinunter. Die Kinder wachten gegen 9 Uhr auf. Beim Anziehen gab es einiges Durcheinander und Geschubse, das die Hausmutter größtenteils mit Geduld beilegte. Schließlich waren bis auf Joe alle Jungen fertig fürs Frühstück, das dann auch verhältnismäßig ruhig und friedlich begann. Mir war aufgefallen, daß Joe an diesem Morgen vielleicht einen stärker gestörten Eindruck machte als die anderen, daß er sich neurotisch darüber beklagte, er hätte anderen Kleidungsstücke geliehen und nicht zurückbekommen, daß er die Hausmutter für seine eigene Schlamperei verantwortlich machte usw. Deshalb beschloß ich, nicht auf seinem pünktlichen Erscheinen beim Frühstück zu bestehen und ihn noch eine Weile in Ruhe meckern zu lassen. Schließlich erschien er gewaschen und gekämmt in einem weißen Hemd und setzte sich brav an den Tisch, nachdem er Henry – den angeblichen Hauptschuldigen in seinem Märchen von den fehlenden Kleidungsstücken – gebeten hatte, ihm den Schlips zu binden. Henry tat es durchaus liebenswürdig. (Eintragung vom 8. 12. 46, Fritz Redl)

Mike war heute wegen seiner obszönen Bemerkungen vom Friseur nach Hause geschickt worden. Als ich mit der übrigen Gruppe zurückkam, begrüßte er mich mit einem üblen Schimpfwort, um mich zu provozieren. Unter diesen Umständen hielt ich es für das beste, die Herausforderung zu ignorieren. Ich sagte nichts dazu, sondern versammelte die anderen Jungen um mich und beendete die Geschichte, die ich im Bus begonnen hatte. Das brachte Mike aus dem Konzept. Auf seinem ausdruckslosen Gesicht erschien fast so etwas wie ein fragender Ausdruck, er sah mich an und stellte plötzlich die Attacke ein ... Allmählich schob er sich zwischen die anderen, die mir zuhörten. (Eintragung vom 1. 12. 47, Barbara Smith)

2. Eingriff durch Signale[6]

Häufig kommt es nicht deshalb zu ungezügeltem Verhalten, weil einem Kind der Sinn für die damit verbundene Gefahr fehlte oder weil es die Ungehörigkeit nicht einsähe, sondern weil sein Ich oder sein Über-Ich im Augenblick zufälligerweise gerade nicht wachsam genug ist, um dieses Verhalten zu verhindern, oder weil es durch das momentane Auftauchen einer herausfordernden Versuchung überwältigt wurde. Es besteht natürlich ein Unterschied zwischen dem Kind, das seinen Nachbarn als Feind eingestuft hat, eine Fehde gegen ihn anzettelt und nunmehr keinerlei Bedenken hat, dessen Eigentum zu zerstören, und einem anderen Kind, das einfach gern klettert und dem sich dabei die gepflegte Hecke des Nachbarn in den Weg stellt. Im ersten Fall wäre es töricht, zu erwarten, daß das Kind seine zerstörerischen Streiche einstellt, wenn man nicht sehr direkt und massiv eingreift. Im zweiten Fall kann schon ein Signal an das ansonsten wachsame Ich oder Über-Ich des Kindes genügen, damit es wieder die Zügel in die Hand nimmt und den verführenden Impuls unterdrückt, der sich gerade formen wollte. So wird ein Kind, das plötzlich der Wunsch packt, über die Hecke des Nachbarn zu klettern, bereitwillig reagieren, wenn der Erzieher, mit dem es sich gut versteht, das plötzliche Aufblitzen in seinen Augen gesehen hat und deutlich seine Mißbilligung zum Ausdruck bringt. Er kann den Kopf schütteln, den Finger heben, einen warnenden Laut von sich geben oder auch ein anderes vereinbartes Signal. Eine Gruppe von Kindern, die sich bei Tisch in eine Übererregung hineingesteigert hat, wird natürlich nicht mit dem Umherwerfen von Tellern oder Messern aufhören, wenn man sie nicht festhält oder energisch dazwischentritt. Wenn allerdings die beginnende Tendenz rechtzeitig vor dem Unglück entdeckt wird, und zwar zu einem Zeitpunkt, wo die Beziehung der Kinder zum Erwachsenen noch intakt ist und wo ihr Gruppenkodex, nach dem man sich bei Tisch etwas ordentlicher als sonst benimmt, noch gilt, dann kann es auch schon genügen, wenn der Erwachsene freundlich seine Mißbilligung einer solchen Verhaltensweise zeigt. Dieses Signalisieren der Unannehmbarkeit einer Verhaltensweise blockiert das beginnende Durcheinander. Dafür könnten wir Hunderte von Beispielen bieten. Diese Art von Intervention ist bei Praktikern, die mit großen Gruppen arbeiten, wohl bekannt. Sie würden niemals zurechtkommen, wenn sie nicht zwischendurch reichlich vom Eingreifen durch Signale Gebrauch machten. Leider wird diese Art der Intervention oft so gering geachtet, daß man sie nicht einmal als »Technik« bezeichnet. Wenn daher jemand Interventionstechniken plant, scheint er immer gleich zu Drohungen, Strafen, Belohnungen usw. Zuflucht zu nehmen; er erkennt nicht, daß das Konzept der Interventionstechnik eine Vielfalt von Interventionsarten beinhaltet, die stets von dem Vorstadium abhängen, in dem ein Eingreifen notwendig wird.

Was in solchen Fällen wirklich geschieht, ist klar: Das eigene Beurteilungssystem oder das eigene Wertsystem des Kindes – mit anderen Worten: sein Ich oder sein Über-Ich – würden normalerweise das Verhalten, zu dem es sich versucht fühlt, ablehnen. Aber die »Warnsignale«, die entweder vom Ich oder vom Über-Ich des Kindes ausgehen, sind zu schwach, oder die Versuchung ist zu groß, so daß die Signale unwirksam bleiben. In solchen Fällen, wo Ich und Über-Ich immer noch verhältnismäßig leicht »zurückgebracht« werden können, scheint das Signal des Erwachsenen zu genügen, um sie wieder wirksam werden zu lassen; sie dämmen dann direkt den Impuls ein, der das Problem erzeugt hat. Es wäre interessant, zu untersuchen, welche Art von Verhalten sich am erfolgreichsten durch Eingriffe mit Signalen beeinflussen läßt und bei welchen Verhaltensweisen diese Eingriffe zu schwach oder unangebracht sind. Beim gegenwärtigen Wissensstand scheint uns jedoch eine andere Frage bedeutsamer zu sein: Es geht nämlich nicht so sehr darum, bei welcher Art von Verhalten, sondern *unter welchen Umständen* das Eingreifen durch Signale angezeigt oder nicht angezeigt ist. Natürlich sind wir an dieser Frage sehr interessiert, und wir wollen einige Bemerkungen anschließen, die sich auf das reichhaltige Material stützen, das wir sammeln konnten:

Eingriffe durch Signale sind nicht angezeigt, wenn die Erregung einen solchen Grad erreicht hat, daß die darin enthaltenen Impulse in ihrer Kraft von der natürlichen Ich- und Über-Ich-Stärke des Kindes nicht mehr bewältigt werden können.

Eingriffe durch Signale sind nicht angezeigt, wenn das Verhältnis zwischen dem Kind und dem signalisierenden Erwachsenen erheblich gestört ist. Der Erwachsene oder Erzieher, der ein freundschaftliches Verhältnis zu dem Kind hat, kann beim Mittagstisch durch ein einfaches Signal erreichen, daß das Kind aufhört, mit seinem Löffel auf den Tisch zu trommeln. Andererseits jedoch erreicht ein Erzieher, dessen Wut das Kind durch Verhaltensausbrüche provozieren will, durch noch so heftige Signale seiner Mißbilligung lediglich, daß die Versuchung zu den Ausbrüchen noch stärker wird.

Eingriffe durch Signale sind nicht angezeigt, wenn das Verhalten eine so komplexe Struktur hat, daß es ganz und gar pathologischen Zielen dient, die für das Ich und das Über-Ich des Kindes vollkommen unerreichbar werden. Es wäre zum Beispiel naiv, einen schweren Anfall von Aggression noch durch Signale abzuwehren zu versuchen, wenn das Anfangsstadium bereits weit überschritten ist. Andererseits liegt es auf der Hand, daß sich Signale besser als andere Methoden der Intervention in verschiedenen Situationen eignen, wo die hier erwähnten Bedingungen noch nicht ernsthafter Natur sind, und daß man sich durch eine rechtzeitige Signalgebung viele Komplikationen ersparen kann.

Bei der Arbeit mit feindselig eingestellten und aggressiven Kindern ist dieses Ersparen von besonderem Vorteil, weil das Eingreifen durch Signale die Verantwortung für das Unterbinden eines Verhaltens dem eigenen Ich und Über-Ich des Kindes auferlegt und damit die übliche frustrations- oder interventionsbedingte Aggression vermeidet, die durch direktere Formen des Eingreifens hervorgerufen werden. Je mehr man an schweren Interventionen bei gestörten Kindern daher durch Eingriffe mit Signalen ersetzen kann, um so mehr an sekundären Aggressionen lassen sich vermeiden. Andererseits stimmt es leider auch, daß in den frühen Stadien extremer Störungen allein die Tatsache, daß die Störung solcher Kinder in den Funktionen ihres Ich und Über-Ich liegen, die Anwendung vielfältiger Eingriffe durch Signale weniger wirkungsvoll sein läßt als bei weniger gestörten Altersgenossen. Das Abwägen, welche Kinder welche Art von Intervention durch Signale vertragen können und unter welchen Bedingungen sowie in welchen Fällen ein Eingreifen überhaupt angebracht ist, stellt natürlich eine faszinierende Aufgabe dar, weil sich hier in interessanter Weise therapeutische, realitätsbezogene und gruppenpsychologische Kriterien vermischen. Es muß noch hinzugefügt werden, daß die hier erwähnten Techniken, insbesondere der Eingriff durch Signale, nach unserer Ansicht auch für Eltern und Erzieher »normaler«, »gut angepaßter« Kinder wertvoll sind. Der kluge Erzieher befaßt sich lieber eingehend mit diesen Techniken, um nicht andere anwenden zu müssen, die im inneren Gefüge des Kindes zu drastischen Komplikationen führen können.

Heute arbeiteten wir mit Filz. Wir schnitten Wimpel für die Schlafzimmer der Jungen aus. Bill ging bald dazu über, sein Filzstück kreuz und quer zu zerschneiden. Während ich ihn beobachtete, fiel mir auf, daß er am Anfang nur sein eigenes Material zerschnitt, dabei aber immer aufgeregter wurde und schon bald – absichtlich oder unabsichtlich – auch Mikes Filz zwischen seine Schere bekam. Ich wollte dazu nichts laut sagen, um Mike nicht aufmerksam zu machen, weil er sich dann sicher erregt hätte; also griff ich nach meiner Schere und machte Bill durch eine weitausholende Bewegung auf mich aufmerksam. Er sah mich an. Ich schüttelte den Kopf und deutete dabei gleichzeitig auf das, was er gerade tat. Nachdem er eine Weile still dagesessen und über meine Geste nachgedacht hatte, bat er mich, ihm beim Ausschneiden seines Wimpels zu helfen. (Eintragung vom 13. 4. 47, Joel Vernick)

Danny wurde bei Tisch ein wenig aufgeregt. Das merkte man zuerst an den übertriebenen Gesten, mit denen er aufstand und quer über den Tisch nach Salz, Milch, Butter usw. griff. Von früheren Beobachtungen herannahender Temperamentsausbrüche wußte ich, daß er schon bald diese Gegenstände auf den Boden knallen würde. Der nächste Schritt war dann gewöhnlich das Verschütten von Milch und das Zerbrechen der Salzstreuer. Ich hatte gleichzeitig das Gefühl, daß ein ausdrückliches Verbot nicht angebracht sei, weil es bei Danny schon viele solche Zwischenfälle gegeben hatte und weil ihn die Gruppe zum Sündenbock stempelte und nur auf ihm herumhackte, wenn er öffentlich getadelt wurde. Also machte ich eine Geste wie ein Schiedsrichter, der einem Fußballspieler die rote Karte zeigt, und das Essen konnte ohne ernsthafte Störungen weitergehen. (Eintragung vom 13. 3. 47, Fritz Redl)

3. Kontrolle durch körperliche Nähe und Berührung[7]

Jeder Lehrer weiß, wie man gewissen Stadien der Erregung, der Angst oder der Unruhe gelegentlich ganz einfach dadurch begegnen kann, daß man die körperliche Entfernung zum Kind verringert. Genauso wie ein Baby oft schon zu weinen aufhört, wenn man es aufnimmt, obwohl die eigentliche Ursache des Unwohlseins noch nicht beseitigt ist, kann ein sehr junges Kind manchmal seine zu störendem Verhalten tendierenden Impulse leichter kontrollieren, wenn es ganz nah beim Geschichten vorlesenden Erwachsenen sitzt. Ist diese Entfernung größer, scheint das Ich des Kindes gegenüber Frustration oder seinen Impulsschüben hilflos zu werden. Es ist eine interessante Feststellung, daß einige der in ihrem Ich und Über-Ich stark gestörten Kinder unabhängig vom Alter aus unterschiedlichen Gründen sehr stark auf körperliche Nähe reagieren. Wir haben oft festgestellt, daß allein schon durch körperliche Annäherung an das Kind oder dadurch, daß es bei Tisch in der Nähe eines Erwachsenen sitzt, ein beruhigender Einfluß auf das Kind ausgeht. Hier muß übrigens klargestellt werden, daß diese physische Nähe als Mittel der Beruhigung und Unterstützung für Ich und Über-Ich nicht mit der Nähe einer drohenden Person verwechselt werden darf, die in vorsorglicher Strafandrohung den Kopf, die Ohren, die Haare oder das Kinn des Kindes in Reichweite hat. Das wäre nämlich etwas ganz anderes und gehörte in ein Kapitel über Drohung und Strafe. Worum es uns hier geht, ist die seltsame und noch nicht ganz geklärte Tatsache, daß körperliche Nähe offenbar unter gewissen Bedingungen die Kraft des Ich und Über-Ich des Kindes stärkt und daß dies nicht geschieht, wenn der Erwachsene, der sonst diese Forderungen an das Kind stellt, zu weit entfernt ist. Manchen Kindern genügt schon die einfache geographische Nähe. Natürlich ist der Begriff »Nähe« für Kinder in unterschiedlichen Situationen relativ. Bei einem organisierten Spiel kann die bloße Anwesenheit oder das Teilnehmen des Erwachsenen genügen. Beim Vorlesen oder bei Tisch können an die Nähe als unterstützenden Kontrollfaktor höhere Anforderungen gestellt werden.

In der Bastelstunde beobachtete ich, daß Mike Larry zu ärgern begann und daß dieser wiederum jenes merkwürdige Flackern in den Augen bekam, das sich meist einstellt, bevor er schreiend auf jemanden losgeht. (Mike fürchtet alle anderen außer Larry und hat sich mit der Rolle des Sündenbocks, die ihm von den anderen aufgedrängt wurde, endgültig abgefunden.) Deshalb kam ich von der anderen Seite des Raums herüber, um dem Schauplatz näher zu sein. Ich war bereit, notfalls einzugreifen, ließ es mir jedoch nicht anmerken. Das war ganz einfach, weil ich genau wie die anderen Mitglieder der Gruppe an einer Lederbrieftasche arbeitete und mich deshalb auf die Arbeit konzentrieren konnte und nicht wie ein Aufpasser dazustehen brauchte. Allein das Näherkommen schien die erwünschte Wirkung zu zeitigen, denn Mike warf mir einen Seitenblick zu, hörte allmählich auf, Larry zu ärgern, und griff schließlich halbherzig nach dem Bastelmaterial, das er bis dahin völlig ignoriert hatte. Nun rief ich seinen Namen und fragte ihn, ob ich ihm helfen könne. Er bat mich, ihm den ersten Stich zu zeigen. Das tat ich dann. (Eintragung vom 18. 3. 47, Joel Vernick)

Bei manchen Kindern genügt Nähe allein nicht. Es scheint ein direkter körperlicher Kontakt notwendig zu sein, den wir »Kontrolle durch Berührung« (*touch-control*) nennen. Uns ist manchmal aufgefallen, daß selbst ältere Kinder sich hinsichtlich der Frage, was Sicherheit, Ich-Unterstützung und Schutz vor Angst für sie bedeutet, noch genauso verhalten wie Babys. Legt man einem solchen Kind den Arm um die Schulter, oder klopft man ihm freundlich auf die Schulter, während man gleichzeitig eine begrenzte Anforderung stellt oder beispielsweise sagt: »Komm, mein Lieber, nimm's leicht und laß es!«, dann kann das freundliche Schulterklopfen zwischen Erfolg und Mißerfolg entscheiden. Wir hatten einmal ein Kind in unserem Sommerlager, das sofort jegliche Selbstbeherrschung verlor, wenn in seinem Blickfeld keine Erwachsenen zu sehen waren. Trotz ehrlicher Bemühungen, brav zu sein und allen Versuchungen zu widerstehen, sinnlose und rücksichtslose Zerstörungen anzurichten – eine Versuchung, die das Kind überallhin zu begleiten schien –, wurde seine ganze Persönlichkeit sofort hoffnungslos von der Impulsivität überschwemmt, wenn einmal kein Erwachsener zugegen war. Sobald sich jedoch irgendein Erwachsener blicken ließ, schien das Ich des Kindes genug eigene Kraft zu erlangen, um seine Impulse beherrschen zu können, auch wenn von seiten des Erwachsenen keine Drohung und keine Gefahr der Entdeckung vorlag. Der Junge suchte dann Hilfe bei einem anderen Erwachsenen oder eine entsprechende Ablenkung als Ersatz. Viele Kinder mit ernsten Ich- und Über-Ich-Störungen zählen zu dieser Kategorie, auch wenn nicht alle Fälle so extrem sind. Im *Pioneer House* war es am Anfang offenkundig, daß wir mit unserem Eingreifen so unterstützend wie möglich sein mußten. Oft ließ sich aufkommende Erregung dämpfen oder ein aggressiver Ausbruch verhindern, der auf Angst beruhte, wenn einfach ein Erwachsener in der Nähe war oder freundschaftlich die Hand des Kindes nahm.

Andy kochte innerlich, weil Sam ihn wegen seines Hosennässens ärgerte, konnte seine Wut jedoch nicht an Sam auslassen, da dieser wesentlich stärker und roher war. Er verschob seinen Unmut auf Danny und nannte ihn den »größten Hosenpisser von allen«. Das erwies sich als gefährlich, da Danny auf diesem Gebiet selbst empfindlich war und außerdem körperlich viel kräftiger als Andy. Danny begann bald, Andy zu stoßen und zu schieben, aber dieser hatte Freude an dem Katz- und Maus-Spiel, da er eine sehr wendige und überlegene Maus war. Danny steigerte sich in eine echte Wut hinein, und an diesem Punkt hielt ich ein Eingreifen für angebracht. Ich ging also hinüber zu ihm, legte ihm meinen Arm um die Schulter und sagte, voller Verständnis für seine Erregung, mit ruhiger Stimme: »Schon gut, Danny, ich weiß, warum du sauer bist, aber Andy tut das ja nur, weil er sich über Sam ärgert. Übersieh ihn einfach, dann hört er von allein auf.« Danach blieb ich noch eine Weile bei ihm stehen, während er zwischen einer Fortsetzung des rauhen Spiels und einem Nachgeben schwankte. Schließlich brummte er: »Ist in Ordnung, Fritz, aber der Kerl soll sich in acht nehmen!« (Eintragung 14. 1. 47, Fritz Redl)

Im vorliegenden Fall ist es ganz unwahrscheinlich, daß diese Worte des Heimleiters Danny in derselben Weise beeinflußt hätten, wenn er sie ihm einfach von der anderen Seite der Zimmers her zugerufen hätte. Oft wird eine der hier angeführten Techniken in Kombination mit anderen Techniken angewandt. Wenn wir zur Illustration Fallbeispiele und Episoden vorstellen, wird es meist nicht möglich sein, die Techniken klar voneinander zu trennen. Wir müssen es dann dem Urteil des Lesers überlassen, welcher Anteil der erzielten Wirkung der einen oder der anderen Technik oder einer ganz bestimmten Kombination zuzuschreiben ist. Diese Schwierigkeit zeigt sich besonders deutlich im folgenden Fall:

Ich bemerkte, daß Bill nicht so recht zu dem Wagen hinausgehen wollte, der die Kinder zur Schule bringen sollte. Die meisten saßen bereits drin. Ich ging hinüber zu Bill, legte ihm meinen Arm leicht auf die Schulter und fragte: »Gehen wir zum Auto hinaus?« Dabei schlenderte ich lässig zur Tür mit ihm. (Eintragung vom 25. 5. 47, Emily Kener)

Die Hausmutter hat den Jungen natürlich *nicht* zur Tür *hinausgeschoben.* Es wird sich jedoch kaum nachweisen lassen, ob der erzielte Effekt in erster Linie ihrer Gegenwart, ihrer Berührung oder ihren Worten zuzuschreiben ist. Da wir jedoch ungezählte Male gesehen haben, wie sie Bill zu beruhigen oder zu motivieren suchte, dürfen wir mit einiger Berechtigung annehmen, daß eine mündliche Aufmunterung allein in diesem Fall nicht genügt hätte.

Es ist jedoch auch klar, daß diese Technik der Kontrolle durch körperliche Nähe und Berührung eine Reihe wichtiger Kontraindikationen hat. So sind beispielsweise die Beziehungen mancher Kinder zu manchen Erwachsenen entweder durch Überaggressivität oder durch ein Übermaß an direktem libidinösen Verlangen gestört. In solchen Fällen wird das Problem durch Nähe und Berührung verschlimmert und nicht verbessert. Wenn sich ein Kind zum Beispiel von einem Erwachsenen Grenzen setzen lassen muß, dessen Autorität es zwar akzeptiert, mit dem es sich aber im Augenblick persönlich nicht gut versteht, wird es ihm leichter fallen, einem Signal zu folgen, als nachzugeben, wenn dieser zur Zeit verhaßte Erwachsene ihm die Hand auf die Schulter legt oder ihn gar umarmt. Bei einem Kind, dessen Feindseligkeit gegenüber anderen Kindern jedesmal angestachelt wird, wenn es sich in sicherem Besitz des geliebten Erziehers glaubt, und dessen Bedürfnis nach der Zuneigung von Erwachsenen ausgesprochen sinnlich gefärbt ist, sollte man lieber die Probleme in diesem Bereich nicht noch durch körperliche Berührung vergrößern. Es könnte sonst geschehen, daß durch das Händehalten mit dem Erzieher und das Gefühl, durch die Nähe eines liebe- und verständnisvollen Erwachsenen Unterstützung in der Selbstbeherrschung zu erhalten, sein libidinöses Verlangen gegenüber dem Erwachsenen noch mehr angeregt und daher die Feindseligkeit gegen ein rivalisierendes Kind vertieft würden – eine Feindseligkeit, die der Erzieher durch die Berührung eigentlich unterdrücken wollte. Ebenso selbstverständlich ist, daß diese Technik der Kontrolle durch körperliche Nähe und Berührung gewissen gruppenpsychologischen Einschränkungen unterliegt. Im *Pioneer House* stellten wir manchmal fest, daß sich gestörtes Verhalten leicht regulieren ließe, wenn dieser oder jener Erwachsene sich intensiver um ein bestimmtes Kind kümmern würde. Gleichzeitig wußten wir jedoch auch, daß uns eine solche Technik dazu zwingen könnte, als Preis Komplikationen in Kauf zu nehmen, wie z. B. die Eifersucht anderer Kinder oder eine Statusveränderung eines bestimmten Kindes innerhalb der Gruppe; solche gruppenpsychologischen Komplikationen aber waren uns die Sache nicht wert.

Die Vorteile der Kontrolle durch körperliche Nähe und Berührung in allen Fällen, die hygienisch vertretbar sind, liegen auf der Hand. Genau wie die zwei zuvor erwähnten Techniken vermeidet sie eine sekundäre Aggression gegenüber dem Erwachsenen, die durch Frustration und die Intervention hervorgerufen wird. Gerade bei Kindern, die allen Erwachsenen feindselig begegnen, ist das ein ungeheurer Vorteil. Diese Technik bietet auch die Möglichkeit, »leise« vorzugehen, ohne etwas aufzubauschen; die ursprünglich laufende Tätigkeit wird durch diese Art des Eingreifens weniger gestört als durch andere Methoden, über die wir noch sprechen werden. Um die Vorteile auch im Umgang mit Kindern zu wahren, deren Ich und Über-Ich stark gestört sind, sind selbstverständliche Vorraussetzungen natürlich ein zahlenmäßig ausreichendes Personal, ein entsprechend flexibles Programm und kleine Gruppen. So sollten beispielsweise viele Schulklassen mit emotional gestörten Kindern wesentlich kleiner sein, als sie es heute noch sind. Dafür sprechen nicht nur einsichtige didaktische Gründe, sondern auch die Möglichkeit, die emotionale Verfassung der Kinder durch körperliche Nähe und Berührung so zu steuern, daß sie dem Lernen nicht entgegensteht. Dieses Ziel kann nicht erreicht werden, wenn der Erwachsene nicht da sein kann, wo seine Unterstützung am nötigsten gebraucht wird.

4. Engagement in einer »Interessengemeinschaft«[8]

Sehr junge Kinder scheinen über die grundsätzlichen Vorgänge bei dieser Technik am meisten Bescheid zu wissen. Sie bringen es kaum fertig, etwas zu sehen, das sie interessiert oder fasziniert oder das für sie neu ist und worüber sie sich freuen, ohne einen zufällig anwesenden Erwachsenen mit hineinzuziehen. Sie zeigen ständig zum Fenster hinaus und fordern den Erwachsenen auf: »Guck mal!« Sie zwingen ihn, herbeizukommen, um das anzuschauen, was sie sehen. Sie kommen in regelmäßigen Abständen angelaufen und zeigen dem Erwachsenen, was sie gerade tun, womit sie spielen, oder sie machen irgendeine Bemerkung, stellen irgendeine Frage. Solches Verhalten steht für mehr als nur eine freundliche Beziehung zum Erwachsenen. Es ist sogar so, daß die Kinder damit häufig noch fortfahren, wenn der Erwachsene schon ungeduldig geworden ist. Das bedeutet, daß die Bewältigung neuer Erfahrungen und der Verlockungen oder Ängste, die daraus entstehen, leichter fällt, wenn der Erwachsene einbezogen und involviert wird; das Kind begegnet der neuen oder fesselnden Situation lieber zusammen mit dem Erwachsenen als allein.

Bei gestörten Kindern kann dieses Bedürfnis weit über die frühe Kindheit hinaus bestehenbleiben. Die meisten Erzieher, insbesondere die »Naturtalente« unter ihnen, machen von dieser Gelegenheit reichlich Gebrauch. Ein Kind, das gelangweilt, desinteressiert oder ängstlich ist, weil es irgendeine Aufgabe nicht so recht schafft, kann schon dadurch aufgemuntert werden, daß ihm der Erwachsene nur einige Fragen über das, was es tut, stellt oder ihm Gelegenheit zu Erklärungen bietet. Ein Kind, das im Begriff steht, ein Werkzeug oder einen anderen Gegenstand für andere Zwecke zu entfremden, läßt sich meist leicht bewegen, den vernünftigen und richtigen Gebrauch davon zu machen, wenn der Erwachsene in diesem Augenblick Interesse an der Arbeit zeigt, die das Kind begonnen hat. Kurz gesagt: Ich-gestörte Kinder scheinen mehr als andere eine ständige Wiederbelebung der Vitalität ihrer Interessengebiete durch die unmittelbare Anteilnahme von Erwachsenen zu benötigen. Das erfordert natürlich von seiten der Erwachsenen eine ständige Wachsamkeit, die nervlich sehr belastend und ermüdend ist, und beweist auf der anderen Seite, wie notwendig es gerade für diese Art therapeutischer Arbeit ist, daß genügend gutausgeruhte Erwachsene zur Verfügung stehen. Diese Technik des Interessenengagements ist natürlich nicht imstande, höhere Dosen von Impulsschüben hinter dem Verhalten des Kindes, ernste Angstanfälle oder pathologisch verstärkte Verhaltensweisen zu bewältigen. Es dient jedoch oft als Mittel zur Vermeidung potentiell gefährlicher oder strategisch unerwünschter Konfliktsituationen im Leben. Ein Kind, das gerade den neuen Spielzeugrevolver so verwenden will, daß daraus rasch ein Konflikt mit anderen Kindern entsteht, läßt sich manchmal leicht durch das Interesse des Erwachsenen ablenken, der sich das neue Spielzeug zeigen und seinen Gebrauch und seine Vorteile erklären läßt. Die Möglichkeit, mit Geschick Aufregungen bei Tisch und in anderen angespannten Situationen durch Engagement in einer »Interessengemeinschaft« zu vermeiden, ist in jeder größeren Familie ebenso bekannt wie dem Erzieher und Therapeuten. Es scheint sich zwar um eine einfache Technik zu handeln, aber es ist offenbar problematisch, für ihre Anwendbarkeit die richtigen Indikationen und Kontraindikationen zu finden.

Einmal kaufte unsere Hausmutter den Jungen Schuhbürsten und Schuhcreme. Sie hatten alle danach verlangt, nachdem sie bei einem Besuch im Haus des Heimleiters solch Schuhputzzeug gesehen hatten. Nun wurden eifrig Schuhe poliert. Die Jungen waren am Anfang begeistert dabei, begannen aber bald zu nörgeln, weil sie fanden, daß die Schuhcreme klumpte und schmierte und ihrer Meinung nach keinen schönen Glanz ergab. Es kam zu einem wilden Durcheinander, das beinahe zu einer Saalschlacht mit Bürsten und Schuhcreme geführt hätte. In diesem Augenblick betrat der Heimleiter, der gerade von einer Sitzung kam, den Raum. Er bemerkte ihre Aufregung und den Grund dafür und rief: »Mensch – neues Schuhputzzeug! Poliert mir jemand die Schuhe?« Dies belebte sie wieder von ihrer Frustration und Niedergeschlagenheit. Alle drängten sich um ihn und warteten, bis sie an der Reihe waren und auch seine Schuhe einschmieren durften. Ihre Schadenfreude war groß, weil auch seine Schuhe stumpf und glanzlos wurden. Da sich aber die Stimmung inzwischen gebessert hatte, konnte ihnen der Heimleiter zeigen, wie man die Creme gleichmäßiger verteilte und das Leder polierte. Danach griffen sie wieder nach ihren eigenen Schuhen, diesmal mit weitaus mehr Erfolg und Befriedigung.

Heute abend beim Essen begann Mike eine Situation zu schildern, die sich am Vormittag in der Schule ergeben hatte, als der Lehrer einen Schüler beim ›Mörderball‹ vom Platz gestellt hatte, da der Junge immer wieder anderen Spielern ein Bein stellte. Die für den Jungen unangenehme Situation machte Mike sehr viel Spaß, und er schmückte in seiner überbordenden Feindseligkeit die Geschichte mit kleinen erfundenen Obszönitäten aus, wie: »Und er hat zu dem Jungen gesagt, wenn du das noch einmal machst, trete ich dir in den Arsch, und Peter sagte, leck mich doch mit deinem Spiel ...« Dann begann er zum Gaudi der ganzen Gruppe, die Episode in einer obszönen Pantomime vorzuspielen. Ich wußte aus früherer Erfahrung, daß ein solches Herumkaspern alle anderen so durcheinanderbringen würde, daß ich Mike am Ende wahrscheinlich hinausschikken müßte. Deshalb fragte ich ihn: »Sag mal, Mike, was ist eigentlich ›Mörderball‹? Dieses Spiel kenne ich gar nicht, kannst du mir erklären, wie es gespielt wird?« Dadurch wurde er von der eigentlichen Geschichte abgelenkt und begann recht vernünftig, das Spiel zu beschreiben. Die Gruppe machte mit, und für den Rest der Mahlzeit waren alle ausgelassen, aber durchaus vernünftig. Mike und alle übrigen berichteten von komischen Zwischenfällen, die sich irgendwann einmal bei dem Spiel ereignet hatten. Im Grunde genommen handelte es sich um eine sehr einfache Version von Völkerball. (Eintragung vom 14. 12. 47, Paul Deutschberger)

5. Affektive Zuwendung[9]

Hiermit meinen wir die Tatsache, daß man manchmal angesichts von Ängsten und Impulsschüben zur Erhaltung der Verhaltenskontrolle durch das Ich oder Über-Ich nichts weiter braucht als eine sofort verabreichte zusätzliche Menge von affektiver Zuwendung, deren Mangel verheerende Folgen zu haben scheint. Ältere und »normalere« Kinder können längere Zeit ohne das Bedürfnis nach direkten affektiven Signalen von seiten der Erwachsenen aus ihrer Umgebung auskommen. Jüngere und gestörtere Kinder schaffen das nicht. Für sie ist es vollkommen natürlich, daß sie nicht nur das interessierte Engagement des Erwachsenen an ihrer Tätigkeit brauchen, sondern auch eine ständig erneuerte Gabe von Zuneigung. Kinder mit schweren Ich-Störungen, haben es oft nicht leicht, die herkömmlichen Formen der Zuwendung zu akzeptieren; manchmal können sie sich nicht einmal das Bedürfnis danach eingestehen. Aber die unbewußte Bedürfnislage befindet sich häufig noch in einem sehr ähnlichen Stadium wie bei einem wesentlich jüngeren Kind. Um beispielsweise ein brauchbares Engagement für irgendeine Betätigung bei den *Pioneers* aufrechtzuerhalten, war ein ständiger Strom direkter Zuneigung vom Erzieher zu den Kindern notwendig. Manchmal war die gesuchte oder erforderliche Aufmerksamkeit von der Art, die man dem vorigen Abschnitt zuordnen konnte: ein Versuch, den Erwachsenen in ein gemeinsames Interesse hineinzuziehen. Zu anderen Zeiten war der interessierte Teilnahme suchende Kontakt offenbar nichts weiter als ein Vorwand für den Wunsch nach einer zusätzlichen Gabe von Zuneigung. Das war besonders dann deutlich zu sehen, wenn die Kinder mit vermehrter Eifersucht fertigwerden mußten, wenn sie Angst hatten, von den Erwachsenen nicht akzeptiert zu werden, oder wenn sich Frustration und Aggression einstellten, weil plötzliche Krankheit eine besonders intensive Versorgung des einen oder anderen Kindes aus der Gruppe notwendig machte. In anderen Fällen lernten wir sehr bald, daß sich gerade die feindseligsten und heftigsten Aggressionen von seiten der Kinder leichter durch vermehrte affektive Zuwendung unsererseits beschwichtigen ließen, als wenn wir der Versuchung nachgegeben hätten, auf Drohungen offen mit Einschränkungen oder Gegendrohungen zu reagieren. Ein Kind, das sich zum Beispiel deshalb provozierend verhält, weil es plötzlich fürchtet, nicht geliebt zu werden, wird sich rascher beruhigen, wenn der Erwachsene das Provozierende an seinem Verhalten übersieht und ihm bei dem eigentlich vorliegenden Problem verständnisvolle Unterstützung gewährt.

Heute abend hatte Donald einen seiner typischen hysterischen Anfälle, weil er sich über Andys höhnische Bemerkungen wegen eines Bildes seiner Mutter aufregte, das Donald neben seinem Bett stehen hat. Erst fiel er über Andy her und wollte ihn ernsthaft würgen, aber nachdem der Erzieher diesen Angriff unterbunden hatte, rannte er plötzlich weg, sperrte sich in der Toilette des Obergeschosses ein und drohte, aus dem Fenster zu springen. Joel, der Erzieher, holte ihn heraus, indem er ruhig mit ihm sprach und ihm versicherte, daß wir ihn alle mögen und daß es albern von ihm sei, sich so aufzuführen, und indem er ganz einfach ohne weiteren Druck und ohne weitere Überredung abwartete. Heftig schluchzend kam Donald schließlich heraus, erblickte Andy und ging erneut auf ihn los. Kurz vor ihm schlug er einen Haken und rannte diesmal zum Wohnzimmerfenster. Ich hielt ihn auf und nahm ihn mit hinaus auf die Veranda. Dabei sagte ich kaum etwas, sondern hielt ihn nur an mich gedrückt. »Schon gut, schon gut«, murmelte ich ab und zu und hielt dabei meinen Arm um ihn. Er sprach überhaupt nichts, sondern stand nur schluchzend da. Allmählich ließ sein Schluchzen nach, und ich spürte, wie die Spannung von ihm wich. Nach etwa 25 Minuten hatte er sich völlig beruhigt. Ich fragte: »Ist jetzt alles in Ordnung?« Er nickte. Wir gingen beide wieder hinein, und er vertiefte sich für eine halbe Stunde in ein Buch. Dann schrieb er einen Brief an seine Mutter. (Eintragung vom 14. 5. 47, Fritz Redl)

Seit gestern abend litt Larry unter einer heftigen fieberhaften Bronchitis. Ich mußte ihn in den Krankenraum neben meinem Büro verlegen. Diese Nähe zu mir löste bei den anderen Kindern der Gruppe eine spürbare Eifersucht aus. Danny benahm sich beim Frühstück unmöglich, und ich mußte ihn praktisch selbst anziehen, damit er überhaupt zur Schule ging. Andy benahm sich besonders nörglerisch und sarkastisch. Er nannte mich eine »dreckige Hure«, weil ich zum Frühstück keine Pfannkuchen gemacht hatte. Mike und Bill sind in einen Zustand allgemeiner Aggressivität regrediert, der weit das Maß überschreitet, das für die beiden derzeit als normal anzusehen ist. Heute abend war ihr Verhalten deutlicher zielgerichtet und zeigte, in welch engem Zusammenhang ihre Aggressivität zu Larrys Krankheit und seinem vermehrten Kontakt zu mir stand. Erst Bill und dann auch Mike klagten über Kopfschmerzen. Ich widmete mich ihnen absichtlich mit übertriebener Aufmerksamkeit, maß sorgsam ihre Temperatur und rieb ihnen die Köpfe vor dem Schlafengehen mit einer Tinktur ein. Danny kratzte sich am Fuß. Ich bandagierte ihn und ging wieder bewußt auf seine Verletzungsfantasien ein, weil ich ihren Zusammenhang mit Larrys Krankheit kannte; in anderen Fällen hätte ich ihn zu einer realistischeren Einstellung gegenüber solch einem kleinen Kratzer zu bewegen versucht. Darüber hinaus versammelte ich die ganze Gruppe kurz vor dem Schlafengehen und teilte eine doppelte Portion Eiscreme und Kuchen aus. Ich versprach für das morgige Frühstück eine »Überraschung« und erklärte ihnen, daß ausnahmsweise jeder sein Lieblingsfrühstück bekommen sollte und daß die Köchin heute abend ihre »Bestellungen« entgegennehmen wolle, die, bitteschön, morgen früh auf ihrem Frühstückstisch serviert würden. Auf diese Weise wurde ihre Verstörung als Reaktion auf Larrys Krankheit durchbrochen, und sie machten wieder begeistert mit. Es war danach nicht schwierig, sie ins Bett zu bringen. (Eintragung vom 18. 2. 48, Emily Kener)

Selbstverständlich ist dies kein Beruhigungsmittel für Wutausbrüche aller Art oder für destruktives und aggressives Verhalten im allgemeinen. Es gibt andere Formen der Aggression und Destruktion, die sich nicht durch die Verabreichung zusätzlicher Gaben affektiver Zuwendung beschwichtigen lassen, sondern die dadurch eher noch verschlimmert werden, günstigstenfalls unverändert bleiben. Auch hier steht die Forschung vor einer sehr wichtigen Aufgabe: Sie muß mehr über die genauen Indikationen und Kontraindikationen für die Verabreichung affektiver Zuwendung bei der Steuerung von Verhalten herausfinden. Die Frage, welche Art von schlechter Laune sich durch eine freundliche Reaktion mit besonderer affektiver Gratifikation durch den Erwachsenen abkürzen läßt und welche Art noch gesteigert wird, indem sich die Aggression des Kindes verdoppelt, wenn ihm ein Erwachsener liebevoll entgegentritt, scheint uns eine der wichtigsten praktischen Fragen zu sein, die noch auf eine detaillierte Untersuchung warten. Die Vorstellung daß spezielle Gaben von Liebe an sich schon geeignet sind, Neigungen zu Wutausbrüchen oder negativistischem Verhalten aufzulösen und zu heilen, ist natürlich therapeutisch vollkommen unrealistisch und nur als eine naive Illusion zu bezeichnen. Ebenso irrig ist die Vorstellung, daß Zuneigung auch nur vorübergehend in *allen* Fällen von Erregung oder Aggression besänftigend wirke. Es ist jedoch eine Tatsache, daß gelegentlich allein schon die zusätzliche Gabe affektiver Zuwendung genau das darstellt, was das Ich des Kindes braucht, um mit dem gerade anstehenden Problem fertigzuwerden und nicht unter seinem Ansturm zusammenzubrechen.

6. Spannungsentschärfung durch Humor[10]

Eine der größten Überraschungen unter vielen erstaunlichen Erfahrungen im *Pioneer House* war die Entdeckung, daß nach einer gewissen allgemeinen Besserung der Ich-Funktionen selbst schwerste und offensichtlich extrem pathologische Wutausbrüche bei einem bestimmten Kind dadurch vermieden werden konnten, daß man das Kind im richtigen Augenblick »mit Humor herauslockte«. Wir möchten darauf hinweisen, daß diese Aussage nicht so mißverstanden werden darf, als ließen sich Wutausbrüche dadurch heilen, daß man sie vermeidet. Im Gegenteil, das erfolgreiche Ausagieren einer großen Anzahl selbst extremer Wutausbrüche scheint eine wesentliche Voraussetzung für die Behandlung bestimmter pathologischer Verhaltensformen zu sein. Aber es gibt spezielle Situationen, in denen ein Wutausbruch so viele sekundäre Nebenwirkungen zeitigen könnte, daß es strategisch ratsam wäre, ihn, zumindest vorläufig, zu verhindern.

Warum bei geschickter Anwendung die Technik der humorvollen Entkrampfung funktioniert und unter welchen Bedingungen sich ein solcher Effekt erzielen läßt, gibt uns immer noch Rätsel auf. Die Spekulation über den Grundmechanismus, der hier wirksam ist, variiert je nach dem theoretischen Bezugsrahmen, der an das Problem angelegt wird. Wir vermuten, daß wir es wahrscheinlich mit einer Kombination mehrerer Faktoren zu tun haben:

(a) Wir demonstrieren die Unverletzbarkeit des Erwachsenen, der sich dadurch, daß er Humor zeigt, als so gefestigt erweist, daß ihm weder das Problem, mit dem er konfrontiert ist, noch die destruktiven Absichten des Kindes zu erschüttern vermögen.

(b) Eine humorvolle Reaktion erspart dem Kind zusätzliche Schuldgefühle oder Ängste, von denen es infolge seiner Aggression oder seines problematischen Verhaltens gerade überwältigt zu werden drohte. Das bedeutet, daß das Kind die befürchtete Vergeltung oder das Schuldgefühl plötzlich als unnötig erkennt, da der beabsichtigte destruktive oder verletzende Effekt nicht eingetreten ist.

(c) Es besteht eine gesteigerte Möglichkeit, das Gesicht zu wahren, insbesondere in Fällen, in denen sich Kinder in eine Demonstration von Härte oder Angriffslust hineinsteigern, die weit das Maß überschreitet, das sie sich selbst normalerweise zutrauen; das Angebot eines humorigen Mittels, solche Auswirkungen zu vermeiden, wird als große Erleichterung empfunden.

(d) In manchen Fällen kann eine humorvolle Reaktion ein Kind tatsächlich in die Lage versetzen, der »komischen« oder »witzigen« Situation eine solche Befriedigung abzugewinnen, daß diese die anderen emotionalen Prozesse, die das Kind zur Zeit hemmen, mehr als ausgleicht. In diesem Fall würde Humor wie eine Ablenkung durch eine neueingeführte Beschäftigung als Teil des Aktivitätsprogramms wirken.

Wir glauben, daß noch kompliziertere Faktoren mitspielen. Wie dem auch sei, für den Praktiker ist es wesentlich, zu wissen, daß unter bestimmten, allerdings klar umschriebenen Bedingungen allein schon die humorvolle Reaktion auf problematisches Verhalten bei einem bestimmten Kind durch die damit verbundene Spannungsentschärfung ein solches Verhalten wirkungsvoller unterbinden kann als jede andere Methode, und noch dazu mit geringeren sekundären Komplikationen. Hierfür gibt es zahlreiche Beispiele:

Danny näherte sich mir in seiner prahlerischen, euphorischen Art, die immer mit einer gehörigen Dosis Sadismus durchsetzt ist, und begann nach mir zu schlagen. Dabei sagte er immer wieder: »Na, alter Wineman, alter Kerl, Wineman, wie geht's dir, Wineman, alter Junge ...« Solche Launen folgten häufig auf kritische Augenblicke innerhalb der Gruppe, wenn Danny aus irgendwelchen Gründen eine Aggression zurückhalten mußte, die er normalerweise gegenüber dem Kind zum Ausdruck gebracht hätte, mit dem er gerade verfeindet war oder um irgend etwas stritt. Da energische unterbindende Eingriffe wie »Laß das doch, es tut weh!« ihn nur anspornen würden, beschloß ich, die Sache humorvoll zu nehmen. Ich verzog in gespieltem Schmerz das Gesicht und sagte: »Ach, meine linke Niere! Paß doch auf, Junge, das ist meine kranke Niere.« Er entgegnete: »Und wie steht's mit deiner rechten, ha, ha!« Dann schlug er wieder zu, und ich antwortete mit möglichst übertrieben gespielter Verzweiflung: »Weißt du denn nicht, daß man mich beklaut hat? Ich habe nur eine!« Er ließ von mir ab und rannte johlend weg: »Ho ho, er hat nur eine, er hat nur eine, ho, ho!« So erreichte er den Bus, wo sich die Gruppe gerade zu einer Ausfahrt versammelte. (Eintragung vom 18. 4. 47, David Wineman)

Heute abend beim Essen wurde viel geflucht und gelästert, insbesondere von Joe und Danny. Es war typisch: Je mehr sie sich in diese Art von Herausforderung hineinsteigerten, um so mehr stachelten Schuldgefühle und Angst sie zu immer größeren Exzessen an, und dennoch gab es außer einem Verweis aus dem Sommerlager, der im ersten Monat unserer Arbeit mit ihnen allerdings katastrophal gewesen wäre, kein direktes Mittel, um ihr Verhalten zu unterbinden. Als schließlich Danny mich unbeherrscht anfuhr: »Verdammt noch mal, Fritz, gib mir endlich die Scheißbutter rüber!«, und dabei nachdrücklich mit der Faust auf den Tisch schlug, reichte ich ihm die Butter und schlug plötzlich selbst mit der Faust auf den Tisch: »Verdammt noch mal, schieb mir endlich das Scheißsalz rüber!« Dabei ahmte ich Dannys Stimme so täuschend wie möglich nach. Der Gruppe verschlug es zuerst den Atem, dann brachen sie alle in schallendes Gelächter aus. »Jetzt hast du uns aber angeschmiert«, sagte jemand, »wir dachten schon, du wärst richtig sauer!« Von da an verlief das Essen viel friedlicher, weil immer dann, wenn jemand zu fluchen begann, irgendein anderer mich zitierte. Sie dachten nicht daran, mein Eingreifen auszunutzen. Es war fast, als hätte ich ihnen damit ein vorgefertigtes Muster für einen aggressiven Witz geliefert, denn sie alle ahmten mich nach, wie ich Danny nachahmte, und überschritten auf diese Weise niemals die Grenze gutmütigen Spotts auf Dannys und meine Kosten. Er konnte diesen Spott ertragen, weil ich ihn ja mit ihm teilte und weil er für die Gruppe eine echte Besänftigung bedeutete. (Eintragung vom 10. 12. 46, Fritz Redl)

Mike kam in ausgesprochen schlechter und nörglerischer Laune zu mir. Er beklagte sich über seinen Lehrer, erklärte, »nie mehr« zur Schule gehen zu wollen, und sagte, dieser »Schweinehund« habe ihn im Klassenzimmer festgehalten, wo er doch nichts weiter gewollt habe, als nach unten auf die Toilette zu gehen usw. Ich wollte ihn veranlassen, noch etwas mehr Dampf abzulassen, aber plötzlich verstummte er unvermittelt und verwandte all seine Energie auf eine Durchsuchung meines Zimmers. Dabei verlangte er einige besondere Gegenstände, die er gerade sah, wie zum Beispiel meine Schreibtischuhr. Schließlich griff er nach einer Zigarettendose, die ich für Besucher bereitstehen habe, nahm eine Zigarette heraus und sagte: »Ich nehm' diese Scheißzigarette hier.« Er steckte sie in den Mund. Ich entgegnete: »Dann wirst du wahrscheinlich dies Scheißfeuerzeug hier auch brauchen«, und reichte ihm mein Feuerzeug. Auf einmal grinste er, sagte »da!« und warf mir Zigarette und Feuerzeug wieder zu. Und damit war seine »verquere« Laune abgeebbt. (Eintragung vom 18. 5. 47, Fritz Redl)

Wir möchten jedoch ausdrücklich betonen, daß man nicht alle witzigen Reaktionen als Humor auffassen darf. Der Unterschied zwischen echtem Humor und dem völlig falschen, weil aggressionsfördernden ironischen Sarkasmus, Zynismus u. ä. ist von großer Bedeutung. Man kann ihn sehr genau beschreiben, aber wir wollen hier nicht ins Detail gehen. Wir möchten auch die mögliche Folgerung vermeiden, daß man in jeder gespannten oder schwierigen Situation den Humor mit Erfolg einsetzen könne. Das geht natürlich nicht. Es gibt im Gegenteil verschiedene Bedingungen, unter denen dasselbe Kind nur mit einer Zunahme seiner Aggression oder Angst reagieren würde, wenn es mit der Technik der »Spannungsentschärfung durch Humor« konfrontiert würde. Die Kriterien für die Entscheidung, unter welchen Bedingungen ein bestimmtes Kind durch die Einwirkung einer humorvollen Reaktion durch einen Erwachsenen von seiner Spannung befreit und daher in die Lage versetzt wird, negatives Verhalten zu unterlassen, und unter welchen Bedingungen eine humorvolle Reaktion nichts weiter einbringen würde als zusätzliche Verwirrung oder völlige Desorganisation – die Differenzierung zwischen diesen Kriterien stellt eines der bedeutsamsten praktischen Probleme in der therapeutischen Arbeit mit gestörten Kindern dar. Wir könnten praktisch für jeden unserer Zöglinge – natürlich je nach den Phasen unserer Behandlung wechselnd – so etwas wie eine Formel für günstige und ungünstige Voraussetzungen zur Anwendung humorvoller Entkrampfung aufstellen. Aber eine detaillierte Darstellung dieser Möglichkeiten würde den Rahmen der vorliegenden Diskussion sprengen.

7. Hilfestellung zur Überwindung von Hindernissen[11]

Gerade einige der intensivsten Ausbrüche von aggressivem Verhalten oder Angst sind nicht notwendigerweise Bestandteil der ursprünglichen Pathologie der Kinder, sondern sehr häufig das Ergebnis eines Zusammenstoßes der ursprünglichen Pathologie mit besonders frustrierenden Hindernissen im Zusammenhang mit Problemlösungssituationen. Manche Kinder haben ihre heftigsten oder gefährlichsten Wutausbrüche nicht aus heiterem Himmel, sondern dann, wenn ihnen der Weg zu einem anvisierten Ziel versperrt wird. In ähnlichen Situationen brechen andere vielleicht unter diffusen Aggressionen oder Angstanfällen zusammen. In solchen Fällen ist es zur Unterstützung des Ich am wirksamsten und außerdem zur Unterbindung dieses Verhaltens – wenn dies angezeigt ist – am praktischsten, eine Technik anzuwenden, die wir schlicht und kurz »Hürden-Hilfe« nennen wollen. Gemeint ist damit die Hilfestellung zur Überwindung von Hindernissen. Schulische Situationen liefern eine reiche Auswahl an Illustrationen für die Notwendigkeit einer solchen Technik. Wenn ein Kind zum Beispiel vor einer Klassenarbeit sitzt und angesichts der Aufgaben immer verzweifelter wird, kann es im nächsten Augenblick aufspringen, frustriert das Heft zerreißen, aus dem Klassenzimmer stürzen und in wirrer Aggression die Tür hinter sich zuschlagen. Daraus kann für den Lehrer und für die übrige Klasse ein Disziplinproblem entstehen. Wenn der Lehrer, kurz vor dem sich ankündigenden Ausbruch, an den Schüler herantritt und ihm die kleine Hilfestellung gibt, die notwendig ist, um die Hürde zu überwinden, ist dieses Kind oft imstande, alle weiteren Aufgaben ohne die soeben geschilderten pathologischen Komplikationen zu lösen. Selbstverständlich ist diese Hilfe für das Kind keine Behandlung. Das Verhalten des Lehrers stellt keine Therapie des zugrundeliegenden Problems dar. Aber wenn es einmal aus strategischen Gründen notwendig ist, ein solches Verhalten zu unterbinden, das ansonsten als Auswirkung eines Hindernisses auftauchen würde, läßt es sich durch diese Technik der ›Hürden-Hilfe‹ leicht überwinden. Ebenso bemerkten wir im Umgang mit unseren Kindern, daß viele Augenblickskrisen, die aus einem guten und ansonsten wertvollen Aktivitätsprogramm Kleinholz zu machen drohten, mit Hilfe dieser Technik oft zu vermeiden waren.

Danny war zwölf Jahre alt geworden und mußte in eine andere Schule versetzt werden, da seine bisherige Schule grundsätzlich nur Kinder bis zum vollendeten zwölften Lebensjahr aufnahm. Heute brachte ich Danny in die neue Schule. Er war sichtlich gehemmt und verlegen wegen seiner Größe. Als er erklärte, er wolle nicht »mit all diesen Babys« zusammensein, versicherte ich ihm, sie seien nicht jünger, sondern nur kleiner als er. Darüber hinaus blieb mir nicht viel mehr zu tun, als beiläufig auf seine Gefühle über das Verlassen der alten Schule einzugehen, wo er Lehrer und Schüler ja schon so gut kannte usw. Der neue Klassenlehrer und der Schulleiter begriffen sofort, als ich ihnen Dannys Besorgnis erklärte. Danny selbst warf ein, er werde die Schule nicht betreten. Also riefen sie den größten und kräftigsten Jungen einer Klasse herbei und machten ihn mit Danny bekannt. Sie sagten zu ihm: »Paß mal auf, es kommt Danny ein wenig komisch vor, daß er so viel größer ist als die meisten anderen Jungen hier. Wollt ihr euch mal messen und vergleichen, wer größer ist?« Der andere Junge tat es mit großem diplomatischen Geschick. Danny war seine Hemmung los und fing fröhlich seinen ersten Tag in der neuen Schule an. (Eintragung vom 16. 4. 48, David Wineman)

Mike und Andy waren mit der Herstellung von Blumenvasen beschäftigt. Andy bastelte rasch einen Behälter, der den Aschenbechern ähnelte, die an einem anderen Abend von den Jungen hergestellt worden waren. Die Oberfläche war schön glatt bearbeitet, und er machte ausführlich darauf aufmerksam, wie glatt die Oberfläche sei. Dadurch wurde natürlich Mike auf Andys Fähigkeit aufmerksam. Jedes Mal, wenn in seinem Behälter ein Sprung erschien, schmierte er ihn fluchend wieder zu und machte dabei Bemerkungen wie: »Das gottverdammte Ding hält einfach nicht zusammen.« Nach mehrfachem Kleben und Flicken begann er schließlich mit einem Behälter, wie Andy ihn gebastelt hatte. Dafür nannte Andy ihn einen »Nachäffer«. Ich sagte ungefähr, es sei im Grunde genommen gleichgültig, und manchmal sei es gar nicht schlecht, etwas nachzuahmen, wenn irgend jemand eine besonders gute Idee gehabt habe. Ich wies sogar darauf hin, daß ich selbst einiges von dem, was die Jungen zuvor gemacht hatten, imitiert hätte. Da Mike sich so sehr darüber aufregte, daß ihm das Glätten der Oberfläche nicht gelang, holte ich eine Schüssel Wasser und arbeitete mit ihm zusammen am Glätten der Vase. Damit war das Problem vorerst gelöst, und er arbeitete entspannt und aus eigenem Antrieb weiter. (Eintragung vom 19. 3. 47, Pearl Bruce)

Selbstverständlich hat diese Technik auch ihre Begrenzungen. Vor allem kann sie nur Frustrationen beseitigen, die aus einem echten Hemmnis bei der Lösung von Problemen entstehen und nicht aus einer pathologischen Konstellation. Ein Kind, das einen Wutausbruch braucht, weil es auf das Produkt eines anderen Kindes eifersüchtig ist, läßt sich durch eine schlichte Hürden-Hilfe davon nicht abbringen. Ebenso selbstverständlich ist, daß der Technik der Hürden-Hilfe aus »psychohygienischen« Gründen Grenzen gesetzt sind. Die übertriebene Anwendung und allzu unbedachte Gewährung von Hürden-Hilfe in allen Fällen mag zwar zu einem glatteren Ablauf führen und emotionale Komplikationen verhindern, aber es wäre damit der Schaden verbunden, daß das Kind so sehr überbehütet wird, daß die Gelegenheit einer neuen Herausforderung, die es zu meistern gilt, praktisch ausgeschlossen und das Kind zu abhängig und schließlich unfähig wird, Situationen aus eigener Kraft zu bewältigen. Andererseits kann die Technik der Hürden-Hilfe bei irritierenden Zwischenfällen zu einem rettenden Hilfsmittel werden.

Das gleiche gilt natürlich auch für die Gruppe insgesamt. Wenn ein Erwachsener feststellt, daß eine chaotische Aggression, bei der jeder jeden angreift, aus der Unfähigkeit einer Gruppe erwächst, eine gestellte Aufgabe zu meistern, kann eine vernünftige Hürden-Hilfe das Problem lösen und ein echtes Ich-aufbauendes Erlebnis darstellen. So können die Kinder zum Beispiel ein Projekt planen, das ihnen grundsätzlich Spaß macht. Aber der Versuch einer Rollenverteilung, um die damit verbundenen finanziellen Probleme u. ä. zu lösen, kann die Gruppe an Hürden heranführen, die sich in ihrer Verwirrung nicht zu nehmen vermögen. Das Ergebnis wäre Desinteresse an dem Projekt oder eine völlige Auflösung der Gruppenpersönlichkeit. In solchen Fällen wäre es Aufgabe des Gruppenleiters, eine stützende und ordnende Funktion zu übernehmen, die Grundlinien des Projekts in einem bewältigbaren Rahmen festzulegen und durch diese Hilfestellung auch in anderen Phasen der Aufgabenlösung Konfliktverhalten zu verhindern, an dem das Projekt ansonsten zerbrechen würde. Dafür hat der Erzieher gewöhnlich eine ganze Menge Tricks im Ärmel. Sein Problem liegt in einer Überschätzung der langfristigen therapeutischen Wirkung temporärer Hürden-Hilfe. Dem Therapeuten droht diese Gefahr nicht. Er scheint dagegen eher die Möglichkeit einer Unterbindung oder Verhinderung ernsthafter augenblicklicher Komplikationen durch diese scheinbar so simple Methode zu unterschätzen. Eine wichtige praktische Frage ist die Beurteilung von Indikationen und Kontraindikationen im Hinblick auf die Einsetzbarkeit und die Grenzen dieser Technik.

8. Deutung als Eingriff[12]

Damit meinen wir den Versuch, einem Kind zu helfen, die Bedeutung einer Situation, die es falsch interpretiert hat, richtig zu verstehen, oder ihm dabei zu helfen, seine eigene Motivationslage in konkreten Problemsituationen in den Griff zu bekommen. Darüber hinaus impliziert der Gebrauch dieses Ausdrucks hier die Anwendung von Deutungselementen, die aber nicht dem Zweck einer langfristigen therapeutischen Behandlung dient, sondern lediglich dem Zweck der Unterbindung oder Erzeugung von Verhaltensweisen. Das folgende Beispiel mag unsere Absicht verdeutlichen:

> Am Nachmittag sollte die Gruppe zum ersten Mal Rollschuhe laufen. Ich sagte Andy, daß er anstatt seiner Bluejeans die normale Schulhose anziehen solle, da im Rollschuhring ordentliche Kleidung vorgeschrieben sei und niemand mit Bluejeans eingelassen werde. Andy warf mir vor, ich sei gemein und wolle nur nicht, daß er Rollschuhlaufen gehe. Ich entgegnete, ich hätte vorher angerufen, um mich zu erkundigen, wie die Rollschuhläufer üblicherweise gekleidet seien. Er nannte mich »eine gottverdammte Lügnerin«, verspottete mich und meinte, ich sei eben eine alte Schachtel und wolle nur nicht, daß er zum Rollschuhlaufen gehe. Also sagte ich: »Schön, dann werden wir eben noch einmal anrufen müssen, wenn du meinst, daß ich nur pingelig und gemein bin.« Ich sprach in seiner Gegenwart mit dem Manager des Rollschuhrings. Seine Antwort war eindeutig. Andy änderte seine Meinung und zog sich bereitwillig um, sobald feststand, daß es sich nicht um eine Laune meinerseits handelte. Sein extremes Verhalten war wohl in erster Linie dadurch motiviert worden, daß er meine »Pingeligkeit« hinsichtlich seiner Kleidung falsch interpretiert hatte. Sein Fehlverhalten wurde überflüssig und konnte aufgegeben werden, sobald die Realität für ihn wieder den ihr zustehenden Platz einnahm. (Eintragung vom 18. 1. 47, Emily Kener)

Natürlich setzt diese Technik, wenn sie in heiklen und komplexen Situationen mit Erfolg angewandt werden soll, ein gewisses Maß an Anerkennung des Erwachsenen und Ich-Festigung voraus.

Das ist erst an einem späteren Punkt der therapeutischen Behandlung möglich. Das folgende Beispiel, in dem die Technik angewandt wird, um den Zustrom innerer Antriebsenergien zum Verhalten eines Kindes zu unterbinden, illustriert dies:

Seit einer Woche sabotiert Mike im Zusammenhang mit seiner Rivalität mit Bill verschiedene Unternehmungen. Bei der Rivalität geht es um Andys Zuneigung und seine Aufmerksamkeit. Er neigt zu launischen Temperamentsausbrüchen, insbesondere in entscheidenden Augenblicken. Wenn die Gruppe den Bus besteigt, um eine Fahrt zu unternehmen, oder wenn sie bereits unterwegs ist, beschäftigt er den Erzieher damit, sich mit seinem unmöglichen Verhalten im Bus zu beschäftigen. Auf diese Weise zwingt er ihn, den Wagen anzuhalten und die beabsichtigte Unternehmung zu verzögern. Natürlich steht er dann vor der Gruppe um so mehr als Sündenbock da und nutzt das dann als Munition für Repressalien und Klagen mir gegenüber. Damit befriedigt er wiederum sein ursprüngliches Verlangen, Andy und Bill Steine in den Weg zu werfen und sich andererseits für seine Rolle als Sündenbock zu rächen. Jetzt schafft er absichtlich Situationen mit Sündenbock-Wirkung gegen sich selbst. Heute bestand er darauf, ein Jagdmesser auf den Ausflug der Gruppe mitzunehmen. Mike und die anderen haben sich seit langer Zeit damit abgefunden, daß so etwas nicht gestattet ist, weil Messer aus verständlichen Gründen nur im Haus verwendet werden dürfen. Trotzdem blieb Mike hartnäckig, hielt alle anderen auf und ließ es darauf ankommen, daß die Gruppe ihm gegenüber eine drohende Haltung einnahm. Plötzlich rief ich ihn zur Seite und sagte so leise, daß die anderen es nicht hören konnten: »Hör mal, du weißt ganz genau, daß du das Messer überhaupt nicht einmal haben willst. Du willst nur die anderen gegen dich aufbringen, damit du dich auch weiterhin bei mir beklagen kannst, sie seien gemein zu dir. Aber jetzt siehst du selbst, daß *du* die ganze Sache angefangen hast und dann hinterher behauptest, die anderen würden dich ärgern. Warum hältst du nicht einfach die Klappe, damit die anderen nicht sagen können, du hinderst sie wieder daran, an irgendeiner Sache Spaß zu haben? Ich kann dich nicht dauernd in Schutz nehmen, wenn du ihnen dauernd Anlaß gibst, sauer auf dich zu sein.« Er starrte mich ein paar Sekunden lang an, dann lieferte er das Messer ab und stieg in den Bus. (Eintragung vom 16. 8. 47, David Wineman)

Wir sind uns der Tatsache bewußt, daß der Ausdruck »Eingriff durch Deutung« irreführend sein kann. Er wird hier mit voller Absicht anders verwandt als in der reinen psychiatrischen Arbeit oder in Einzelfallstudien. Hier ist die Ebene der Anwendung viel genauer umschrieben. Um groben Mißverständnissen vorzubeugen, möchten wir auf einige der Punkte hinweisen, um die es geht: Wenn wir »Deutung« sagen, meinen wir damit nichts, was mit der Verwendung desselben Begriffs in der psychoanalytischen Behandlung vergleichbar wäre, wo ja der Versuch unternommen wird, das Verhalten eines Kindes mit tief im Unbewußten verwurzelten Elementen oder Erlebnissen aus der Vergangenheit in Verbindung zu bringen. Wir meinen auch nicht das, was der therapeutisch orientierte Sozialarbeiter in der Einzelfallhilfe denken mag, wenn er diesen Ausdruck liest: dem Kind zum Beispiel zu erklären, daß es sich so verhält, weil es in Wirklichkeit eifersüchtig auf den Bruder zu Hause ist. Bei dieser Art von Deutung geht es um eine vollkommen andere Situation. Wir meinen Deutung hier nicht als Technik der Behandlung, sondern tatsächlich als Interventionstechnik. Wir stellen den Begriff damit auf eine Ebene, wo es einem Kind lediglich ermöglicht werden soll, Verwirrungen gegenüber situationsbedingten Einmischungen von außen, auf die das Kind reagiert hat, oder gegenüber antriebsbedingten Einmischungen, die von innen heraus entstehen, richtigzustellen.

Selbstverständlich gibt es, was die Anwendbarkeit dieser Technik betrifft, zahlreiche Indikationen wie auch Kontraindikationen. Wenn wir zum Beispiel nur wenige Wochen früher Mike auf diese Weise angefaßt hätten, wäre es uns nicht nur nicht gelungen, sein pathologisches Verhalten zu unterbinden, sondern wir hätten es wahrscheinlich nur noch verschlimmert und verlängert. Das bedeutet, daß für die Anwendung dieser Technik eine sorgfältige Überlegung der Frage notwendig ist, für welche Art von deutendem Eingriff ein Kind zu einem bestimmten Zeitpunkt schon bereit ist. Außerdem liegt es auf der Hand, daß sich eine Vielzahl von Verhaltensweisen durch eine solche Technik überhaupt nicht beeinflussen läßt. Wenn ein Kind zum Beispiel seiner Wut auf einen Erwachsenen Luft macht, den es im Augenblick haßt, wird es kaum einen vernünftigen Grund sehen, diesen fröhlichen Wutausbruch zu unterlassen, nur weil man ihm sagt, es sei wütend auf den Erwachsenen oder auf irgend etwas anderes. Das Kind ist wütend, es will wütend sein, und es will seiner Wut Ausdruck verleihen. Nur daran ist es im Augenblick interessiert. Das bedeutet, daß die Technik auf Situationen beschränkt bleibt, in denen eine Möglichkeit besteht, daß das Kind bei korrekter Einschätzung der Realität anders reagiert, und in denen das Fehlverhalten in erster Linie auf eine Art »Mißverständnis« zurückzuführen ist. In diesen Fällen nimmt man dem gestörten Verhalten, das ansonsten noch angedauert hätte, den Wind aus den Segeln, indem man das Mißverständnis beseitigt und eine richtige kognitive Einschätzung der Situation ermöglicht.

Natürlich sollten wir hier auch noch hinzufügen, daß sich durch einen Eingriff dieser Art nicht alle heftigeren Impulse beherrschen lassen, wenn sie erst einmal in Bewegung geraten sind und einen bestimmten Punkt überschritten haben. Diese Technik ist mehr vorbeugender Art und muß zu einem Zeitpunkt eingesetzt werden, wenn die Beziehung zu dem betreffenden Erwachsenen oder zur Wirklichkeit noch stark genug ist, damit Einsicht und kognitive Korrekturen einwirken können. Übrigens braucht diese Deutung nicht immer in Form von Worten gegeben zu werden. Auf diesen Punkt kommen wir jedoch später noch einmal zurück. Hier sei nur die Bedeutung dieser Möglichkeit erwähnt.

9. *Umgruppierung*[13]

Manchmal ist die Quelle eines gesteigerten und aus praktischen oder therapeutischen Gründen unvertretbaren Problemverhaltens in erster Linie in den gruppenpsychologischen Konstellationen zu suchen oder auch in der Wechselwirkung zwischen der Pathologie des Einzelnen, der Gruppenatmosphäre und anderer gruppenpsychologischer Faktoren. In solchen Fällen beseitigt oft schon schlicht eine Veränderung in der gruppenpsychologischen Konstellation das problematische Verhalten, das ansonsten von seiten des Erwachsenen einen erheblichen Zeitaufwand und die Mobilisierung von Gegenkräften sowie auf seiten des Kindes möglicherweise die Erzeugung sekundärer Konflikte bedeutet hätte. Der Begriff »Umgruppierung« wird hier aus Gründen der Kürze in einem sehr breiten Sinn verwendet. Wir denken an eine Vielzahl höchst fesselnder und ganz spezifischer Probleme und eine große Anzahl besonderer Techniken im Rahmen des Problems, das wir darzustellen suchen. Hier mag die Anmerkung genügen, daß wir die Umgruppierung hauptsächlich auf drei verschiedenen Ebenen sehen. Auf der ersten Ebene liegt die totale Umgruppierung, das heißt, ein Kind wird aus einer Institution ausgeschlossen, und zwar nicht notwendigerweise wegen der Unannehmbarkeit seines eigenen Verhaltens oder der Tatsache, daß es auf die Behandlung nicht anspricht, sondern aufgrund der untragbaren Komplikationen, die sich aus dem Zusammenprall gruppenpsychologischer Bedürfnisse und der Pathologie des Kindes ergeben. Ein solcher Schritt kann gelegentlich sehr wichtig sein und muß sorgsam von einer Relegation als einer regelrechten Bestrafung unterschieden werden. Solch ein Schritt ergibt sich aus einem realistischen Problem, das überall auftaucht, wo Gruppentherapie betrieben wird.

Auf der zweiten Ebene verstehen wir unter Umgruppierung eine Veränderung der Gruppenzusammensetzung im Rahmen der von der Institution gesetzten Grenzen. Wir haben im Sommerlager oft die Erfahrung gemacht, daß ein Junge, der in Hütte 7 aufgrund der dortigen besonderen Konstellation zu unerträglichem Verfolgungswahn und Rivalitätsgefühlen aufgestachelt wird, zwar vielleicht dieselben Tendenzen an den Tag legt, wenn er in Hütte 9 verlegt wird, aber dort eben nur in einem Maß, das sich bewältigen läßt, und ohne daß die übrige Gruppe erheblich gestört würde. Damit wird nun keineswegs das eigentliche Problem behandelt, sondern wir verringern einfach die momentane Intensität eines bestimmten Problemverhaltens und führen es auf ein angehbares Maß zurück. Vom therapeutischen Standpunkt aus mag das ein recht bescheidener Versuch sein, aber jeder, der schon einmal gezwungen war, sich mit den praktischen Komplikationen der vielfältigen Alltagssituationen innerhalb einer Gruppe gestörter Menschen auseinanderzusetzen, weiß die Möglichkeiten und die Wirkung einer solchen Technik durchaus zu schätzen. Natürlich bringt das Problem der Umgruppierung eine Anzahl besonderer Nebenprobleme mit sich, bei denen es zum Beispiel um die Bereitschaft des Kindes geht, sich verlegen zu lassen, um die Aufnahmebereitschaft der neuen Gruppe und um die Gesamtstrategie der Wahl des richtigen Zeitpunkts.

Auf der dritten Ebene der Technik der Umgruppierung sind Verlagerungen innerhalb einer gegebenen Gruppe angesiedelt. Das kann zum Beispiel bedeuten, daß die Gruppen für eine bestimmte Arbeitsaufgabe so eingeteilt werden, daß ein Kind, dessen Zusammensein mit drei der Kinder zu untragbaren und strategisch unerwünschten Komplikationen führt, sehr wohl an der Arbeit teilnehmen kann, wenn es mit zwei anderen zusammenarbeitet, mit denen es weniger Reibungen gibt. Oder wir können die Untergruppen für eine bestimmte Tätigkeit etwas verändern. In diesem Fall bleibt die Gruppenzugehörigkeit konstant, aber das Kräftefeld in der Untergruppe wird verändert. So kann es bei der Mannschaftsaufstellung für ein Spiel einem Jungen durchaus gelingen, mit einiger Erfolgsaussicht die Herausforderung des Wettkampfgeistes in der Mannschaft anzunehmen, wenn die anderen auf der richtigen Seite stehen und nicht die Falschen geschlagen werden sollen. Selbstverständlich muß man es vermeiden, auch noch Öl ins Feuer zu gießen, indem man Gruppen gegeneinander antreten läßt, die sich ohnehin schon feindselig gegenüberstehen. Umgruppierung kann auch in der Veränderung der Sitzordnung bei Tisch bestehen, in einer anderen Verteilung der Kinder rund um die Erzieher, oder auch in dem Versuch, verschiedene Aktivitäten rein geographisch weit genug auseinanderzuhalten, statt alle Kinder in ein und derselben Gruppe zusammenzufassen.

Joel (Erzieher) und ich nahmen die Jungen heute zum Einkaufen von Anzügen mit in die Stadt. Normalerweise hätten wir das Einkaufen so eingeteilt, daß ich an verschiedenen Tagen einzelne Jungen mitgenommen hätte. Doch ein neuer Anzug ist für sie ein emotional zu bedeutsames Objekt, als daß von irgendeinem der Jungen hätte erwartet werden können, daß er wartete, während andere vor ihm bedient worden wären. Deshalb beschlossen wir, alle auf einmal mitzunehmen. Am Anfang waren die Jungen durchaus bei der Sache und in einer ferienähnlichen Stimmung. Aber je näher wir dem Bekleidungsgeschäft kamen, um so mehr erzeugte die gespannte Erwartung aggressive und impulsive Ausbrüche. Insbesondere Mike und Bill setzten eine sich gegenseitig verstärkende Kettenreaktion in Gang. Mike packte Bill, kitzelte ihn und fragte: »Na, paßt der Anzug?« Bill protestierte zum Schein, aber wenn wir Mike beruhigten, forderte Bill ihn wieder heraus, indem er nach ihm schlug. Wir mußten den Bus mehrfach anhalten, weil der Lärm und das Durcheinander bei dem dichten Verkehr zu gefährlich wurden. Andy, Danny und Larry ließen sich nicht in gleichem Maß wie Mike und Bill in die Störungen hineinziehen. Als wir schließlich das Ziel erreichten, beschlossen Joel und ich rasch die Bildung zweier Untergruppen: Ich nahm Andy, Larry und Mike mit, während Joel mit Danny und Bill einkaufen ging. Für meine Gruppe war das sehr günstig, denn ohne das aufreizende Verhalten Bills beruhigte Mike sich rasch. Über ein ähnlich vernünftiges Verhalten bei Danny und Bill berichtete Joel später. (Eintragung vom 15. 9. 47, Emily Kener)

Beim Baseballspiel heute abend standen Andy, Bill und ich gegen Joel (Erzieher), Larry und Mike. Meine Mannschaft war durch einen gerade schwelenden Konflikt zwischen Bill und Andy beeinträchtigt. Nachdem Bill nach vielen Monaten allmählich das Image des »lieben Bruders« gegenüber Andy abgeschüttelt hatte, indem er Andys Sadismus gegen sich herausgefordert und ihn dafür natürlich zu hassen begonnen hatte, ist Bill jetzt an dem Punkt angelangt, wo ihm seine Aggression gegenüber Andy beinahe bewußt ist. Als er heute abend Andys Wettkampfgeist bemerkte, spielte er selbst betont nachlässig, verfehlte Bälle und schlug daneben – weit häufiger als normal, zumal er geschickt, fix und ein recht guter Spieler ist. Andy spielte geradezu seinem unbewußten Plan zu, indem er auf ihn wütend wurde und ihn dafür drangsalierte. Dieses »Spiel« schwoll lawinenartig an, bis es so aussah, als könnte Andy sich einfach nicht mehr beherrschen und müßte auf Bill losgehen. Als Andy einmal bei einem erneuten Fehler Bill schließlich wütend anschrie, sagte dieser: »Na schön, wenn ich dir nicht gut genug bin, dann höre ich eben auf, du Hund.« Joel schlug vor, die Mannschaften neu zusammenzustellen, und zwar Larry, Bill und ich gegen ihn, Andy und Mike. Larry meckerte eine Weile und sagte: »Ihr seht doch, wie schlecht Bill heute abend spielt.« Aber vielleicht sagte ihm sein Gefühl, daß Bills Verhaltensweise nur gegen Andy gerichtet war, und er brummte: »Also, meinetwegen.« Wir nahmen das Spiel wieder auf, und es wurde recht interessant und verlief gut. (Eintragung vom 18. 9. 48, Paul Deutschberger)

Auf dem Rückweg von unserem Zweitagesausflug auf einen Bauernhof waren die Jungen übermüdet und verfielen in einen überreizten Erregungszustand, insbesondere die drei auf dem Rücksitz des Wagens, nämlich Danny, Mike und Andy. Andy zog seine Schuhe aus und stubste mit den nackten Zehen Danny an, der rechts von Mike saß. Das wiederum löste Dannys Sadismus aus, und er schlug nach Mike. Dabei sagte er zu Dave (unserem geschäftsführenden Direktor, der den Wagen fuhr), er werde Mike »den Schädel einschlagen«. Andy und sein Zehenwackeln waren der Auslöser für die ganze Reaktion, und Dave bat ihn, damit aufzuhören. Aber er war zu aufgeregt und konnte es nicht. Er unterbrach zwar ein paar Sekunden lang, aber dann ging es wieder los. Schließlich ordnete Dave an, er solle nach vorn kommen und den Platz mit Larry tauschen. Als er sich weigerte, hielten wir an. Dave erklärte Andy, er sei ganz einfach erregt und wir wüßten, daß er damit gar nicht aufhören könne, wenn er hinten sitzenbleibe, weil es ihm zu großen Spaß mache, Mike zu reizen, aber daß auf dem vorderen Sitz alles in Ordnung sein werde. Andy verließ den Wagen und bestand darauf, ein Stück barfuß nebenher zu laufen. Nach diesem letzten Auftritt stieg er vorn ein. Larry ging nach hinten, und damit war die ganze Episode vorbei. Ohne Andy schliefen Mike und Danny sofort ein, während sich Larry mit mir leise über einige der Dinge unterhielt, die wir auf dem Bauernhof gesehen hatten. (Eintragung vom 5. 4. 48, Vera Kare)

Die Umgruppierung ist besonders dann das Mittel der Wahl, wenn es darum geht, beginnende »Ansteckungs-Ketten« zu verhindern oder zu unterbrechen. Die Frage, unter welchen Bedingungen dies ein gangbarer Weg sei und unter welchen anderen Bedingungen diese Technik als ungeeignet oder gar bedenklich angesehen werden müsse, übersteigt jedoch leider den Rahmen dieser Darstellung.

10. Umstrukturierung[14]

Eine Alltagssituation kann noch so klar umrissen sein, ein Spiel oder eine Tätigkeit mag einen noch so vielversprechenden Anfang nehmen, nach einer gewissen Zeit kann dennoch etwas »schiefgehen«. So hören sich die Kinder beispielsweise mit Vergnügen eine Geschichte an; aber dann kommt ihnen die Frustration, die der Passivität, dem Ruhigsein und dem Stillsitzen entspringt, dazwischen. Das Kräftemessen in einem Spiel kann für eine Zeitlang befriedigend wirken; aber plötzlich erzeugt die überstimulierende Wirkung des Wettkampfes bei einigen Jungen ein problematisches Verhalten, das den übrigen den Spaß verdirbt. Oder die Faszination des Zahlenratens fesselt sie für eine Weile; jedoch die Tatsache, daß einige von ihnen passiv bleiben, während nur jeweils zwei um die Wette raten, wird jedoch bald für die übrigen eine zu große Belastung. Kurzum, es kommt häufig vor, daß eine Situation bzw. ein Programm, die ursprünglich gut geplant waren und die sich auch den vorhandenen Bedürfnissen anpaßten, plötzlich außer Kontrolle geraten oder daß neue Elemente auftreten, die ein Ungleichgewicht schaffen.

Es ist allgemein bekannt, daß »normale« Kinder, und erst recht gestörte, auf ein solches Ungleichgewicht sofort mit Verhaltensproblemen unterschiedlicher Art reagieren. Eine der Techniken zur Verhinderung solcher Probleme, die in Wirklichkeit nicht der ursprünglichen Pathologie der Kinder entspringen, sondern bestimmten Elementen einer Situation, in der sie sich befinden, nennen wir »Umstrukturierung«. Damit meinen wir das Aufgeben einer Betätigung oder einer situativen Struktur, in welche die Kinder involviert waren und die dann unzulänglich wurde, sowie das Ersetzen durch eine zu diesem Zeitpunkt geeignetere und passendere Struktur. Kluge und nicht-autoritäre Erzieher verwenden diese Technik seit langem. Wenn ein Lehrer feststellt, daß seine Klasse unruhig wird, weil das Stillsitzen schon viel zu lang dauert, wird er die Kinder nicht wegen ihrer störenden Unruhe einfach tadeln und damit zahllose kleine Akte der Rache, Erpressung, Bestechung und Bestrafung auslösen, sondern das Problemverhalten gelassen beseitigen, indem er ganz einfach das Thema wechselt. Er kann den Kindern erlauben, aufzustehen und sich zu strecken, oder er bringt sie alle zum Lachen und lenkt damit Energien ab, die sonst vielleicht ernsthaft frustriert würden. In der Arbeit mit Kindern, die solche Störungen wie die unsrigen aufweisen, kann die Technik der Umstrukturierung auch als praktisches Mittel zur Vermeidung extremen Verhaltens verwendet werden, von dem wir wissen, daß es sich für diese Kinder aus gewissen Unzulänglichkeiten und Unangemessenheiten in der spezifischen Situation ergibt. Wenn bei einem Kind ein extremer Wutausbruch zu einer Zeit, wo wir ihn uns unter therapeutischem Gesichtspunkt gerade nicht leisten können, vermieden werden soll, ist es besser, das Kind nicht festzuhalten, sondern die Höchstdauer, die es einer Situation ausgesetzt bleiben kann, abzuschätzen und deren Struktur zu verändern, bevor der eigentliche Zusammenbruch eintritt. Auf dieser Basis kann man sagen, daß die zeitliche Planung von Wettspielen und die Konfrontation der Kinder mit Alltagssituationen, die ein mehr oder minder hohes Maß an Sublimation verlangen, sowie deren Veränderung an sich schon zu einer Art präventiver Interventionstechnik werden.

Heute nachmittag nahmen wir die Gruppe mit ins Greenfield Museum[15]. Es bestand zwar großes Interesse bei den Jungen, und sie waren auch schon einmal dagewesen und wollten gern wieder hin, aber sobald wir im Museum drin waren, wurde klar, daß es schiefgehen würde. Anstatt sich die Ausstellungsstücke anzusehen, kletterten sie in die alten Flugzeuge und Lokomotiven hinein. Bald kam es zu einer Serie von Zwischenfällen, die von seiten der Museumswärter und auch von meiner Seite ein weit stärkeres verbietendes Einschreiten erforderten, als die Kinder nach meiner Erfahrung verkraften konnten. Möglicherweise hing ihre derzeit stärkere Aggressionsneigung mit dem bevorstehenden Weihnachtsfest zusammen, denn anders wäre kaum zu erklären, warum der Besuch vor drei Wochen erfolgreich verlief, der heutige jedoch nicht. Von den Ausstellungsstücken selbst und von dem spiegelblank gebohnerten Fußboden gehen zahlreiche Versuchungen aus. Deshalb rief ich die Jungen zusammen, nachdem wir etwa dreißig Minuten im Museum gewesen waren, und teilte ihnen mit, ich hätte eine Überraschung für sie: Was sie davon hielten, sofort wieder in den Wagen zu steigen und den Rest des Nachmittags mit Schlittenfahren im Rouge Park zu verbringen, der nur etwa eine Viertelstunde Autofahrt entfernt lag? Mein Vorschlag rief wilde Begeisterung hervor, und sie kletterten sofort ins Auto. Beim Schlittenfahren gab es keine Schwierigkeiten, obgleich ich davon überzeugt bin, daß, wenn ich von vornherein gesagt hätte: »Nicht Greenfield Museum, sondern Rouge Park«, sie mir vorgeworfen hätten, ich wolle bloß nicht mit ihnen ins Museum gehen. (Eintragung vom 22. 12. 1946, Joel Vernick)

Heute machte ich nach der Schule mit der Gruppe eine Bastelstunde. Bill langweilte sich als erster und lief hinaus. Auch die übrigen verloren bald das Interesse. Nach etwa zwanzig Minuten kam Bill wieder zurück und schrie: »Seht, was ich habe! Mensch, hab ich Spaß gehabt! Ihr hättet dabeisein sollen!« Bill schleppte eine halb verbrannte Schneiderpuppe herein. Andy stand auf, bewunderte sie, und Bill stellte sie hin. Er sagte: »Sie hat keine Hose an. Und sie hat auch keine Möse.« Dies schien ein auslösendes Signal für Andy und Mike zu sein. Sie tanzten johlend und lachend um die Puppe herum und machten dabei Beischlafbewegungen. Ich hatte alle Mühe, sie abzuwehren, denn sie wollten mir immer wieder auf den Rücken springen. Larry gröhlte inzwischen aufgeregt: »Keine Möse, keine Möse!« Die anderen machten Anstalten, mir wieder auf den Rükken zu springen. Ich sagte: »Hört mal, kann Bill denn nicht eine Schneiderpuppe hereinbringen, ohne daß ihr gleich verrückt spielt? Na schön, euch ist das Basteln langweilig, und Bill macht dreckige Bemerkungen über die Puppe. Aber müßt ihr mir deswegen auf den Rücken springen? Tragt doch die Puppe hinaus auf den Hof, und seht mal, wie weit jeder von euch sie werfen kann. Danach spielen wir irgend etwas hier drinnen. Mir ist da eine Art Pferderennen eingefallen. Habt ihr Lust dazu, nachdem ihr draußen eine Weile mit der Puppe gespielt habt?« Dadurch wurden ihre aggressiven Energien kanalisiert, und sie rannten johlend mit der Puppe hinaus. Bald wurden sie des Spiels müde und kamen wieder zurück. Danach hatten wir bis zum Abendessen viel Spaß beim Pferderennen. (Eintragung vom 5. 12. 47, Betty Braun)

Dies ist übrigens einer der Fälle, in denen die Wirkung offensichtlich durch eine Kombination verschiedener Techniken erzielt wurde. Wirksam wurden das »Ignorieren« der sexuellen Annäherungsversuche durch die Erzieherin, der Verzicht auf Strafe in ihrer Reaktion, verbunden mit einer unmißverständlichen Zurückweisung des Verhaltens der Kinder. Wir sind jedoch davon überzeugt, daß auch der Vorschlag eines – erfahrungsgemäß – realistischen Alternativprogramms ebenfalls einen Einfluß hatte.

Diese Illustrationen mögen vorerst genügen. Viele unserer anderen Beispiele, insbesondere aus dem Bereich der Programmgestaltung, ließen sich hier ebenfalls anführen.[16] Natürlich hat die Umstrukturierung, genau wie alle anderen Interventionstechniken, auch ihre negative Seite. Sie ist bestenfalls geeignet, für den Augenblick Auswirkungen einer gegebenen Situation zu vermeiden, und geht wenig auf die zugrundeliegende Pathologie ein, auf die unsere langfristigen Behandlungsziele ausgerichtet sind. Hinzu kommt noch, daß Erwachsene durch übermäßigen Gebrauch der Umstrukturierung leicht in Versuchung geraten, auszuweichen und nach geschickten Ablenkungsmanövern zu greifen, anstatt einige der anderen grundlegenden Faktoren anzupacken, die vielleicht einen größeren Aufwand verlangen würden als das Umstrukturieren. Wir möchten natürlich auch auf lange Sicht verhindern, daß sich die Kinder darauf verlassen, in jedem Fall »ungeschoren« davonzukommen, nur weil der verantwortliche Erwachsene mehr von einfallsreicher Ablenkung hält als von den Schwierigkeiten einer Konfrontation der Kinder mit Grenzen und Einschränkungen und anschließenden Gesprächen. Außerdem beschränkt sich der Problemkreis, der günstigstenfalls durch eine Umstrukturierung beeinflußt werden kann, natürlich auf solche Fälle, wo die vorhandene Struktur nicht mehr mit den Grundbedürfnissen der Kinder übereinstimmt oder wo von vornherein gewisse Störungen schuld sind. So kann auf diese Art und Weise sehr wohl ein Wutausbruch abgewehrt werden, der aus erhöhtem Konkurrenzdruck bei Wettspielen oder aus Frustration aufgrund einer zu schwierigen Spielaufgabe entsteht. Aber auf keinen Fall läßt sich durch Umstrukturierung ein Wutanfall verhindern, der grundsätzlich Ausdruck einer Verwirrung des Kindes zwischen Gegenwartssituation und seiner traumatischen Vergangenheit ist oder der mit seinen Wurzeln in ungewöhnlich schwere interpersonale Konflikte hineinreicht.

Innerhalb dieser Grenzen ist die Umstrukturierung jedoch für den Erwachsenen, dessen Fähigkeit und Umsicht durch das ununterbrochene Zusammensein mit aggressiven Kindern (faktisch Tag und Nacht) auf eine harte Probe gestellt werden, gewiß ein geeignetes Mittel, um manchmal einer Krise die Spitze abzubrechen und unannehmbares Verhalten auf ein erträgliches Maß zurückzuschrauben.

11. Direkter Appell[17]

Unqualifizierte oder aggressive Erzieher begehen häufig den Fehler, zu glauben, immer mit drastischen Maßnahmen eingreifen und unterbinden, verbieten, drohen, strafen zu müssen, selbst in Fällen, in denen die Kinder noch selbst über gut entwickelte innere Kontrollen verfügen und in denen ein Appell an diese Kontrollfähigkeiten genügen würde. Bei gestörten Kindern ist dieses Gleis natürlich teilweise blockiert. Die Kinder, von denen wir sprechen, zeigen gerade aufgrund ihrer Störung nur ein Minimum an Ansprechbarkeit mittels dieser Technik. Wenn wir nämlich an etwas appellieren wollen, das als eine Art innerer Kontrolle über das Verhalten des Kindes fungieren soll, so muß die Instanz, an die wir appellieren, überhaupt erst einmal vorhanden sein. Bei den Kindern, mit denen wir uns hier befassen, funktionieren viele Wege des Appells, die bei normalen Kindern offenstehen, gar nicht. Solange ein Kind nicht das geringste Gespür dafür hat, welche Art von Verhalten in der Öffentlichkeit angebracht ist und welche nicht, wäre ein Appell an sein Schamgefühl oder seinen Anstand, wenn er obszön daherredet, natürlich vergebens. Ebenso ist bei Kindern, die einen Erwachsenen als Feind betrachten, den man überlisten, hintergehen oder geschickt unterlaufen müsse, ein Appell, sich vernünftig zu verhalten, um es dem Erwachsenen leichter zu machen, vergebliche Liebesmüh. Und solange die Kinder keine Beziehung zur Zukunft haben oder kaum die Konsequenzen ihrer Handlungen abschätzen können, nützt es wenig, an sie zu appellieren, ruhiger zu sein oder sich hinzusetzen, um einen Ausflug planen zu können.

Es ist jedoch interessant, festzustellen, daß sich bereits nach den ersten Erstarkungen der Ich-Funktionen und den ersten Korrekturen in der Entwicklung des Über-Ich selbst bei schwer gestörten Kindern ein breites Feld für Appelle öffnet, das von dem Erwachsenen im Kampf des rauhen Alltags leicht übersehen wird. Er mag davon überzeugt sein, daß es nutzlos ist, gewisse Wege des Appells einzuschlagen, die bei normalen Kindern durchaus funktionieren, und in der Folge davon Bereiche unterschätzen oder nicht erkennen, die zumindest den Beginn eines solchen Versuchs ermöglichen. Für uns war es zum Beispiel interessant, festzustellen, daß selbst bei Kindern, die noch ganz mit ihrem »totalen Krieg« gegen die vermeintlich feindlichen Erwachsenen beschäftigt waren, in gewissen Augenblicken vorübergehender Entspannung, wenn sie sozusagen nicht auf der Lauer lagen, eine freundliche Bitte um Rücksichtnahme und Takt oft umgehend wirkte. Derselbe Junge, den man kurze Zeit zuvor noch mit physischer Gewalt daran hindern mußte, sich in wilder Zerstörungswut zu verlieren, kann, sobald der erste Anfall vorüber ist, außerordentlich positiv auf die Bitte des Erziehers reagieren: »Bitte nicht jetzt, Danny. Ich bin ehrlich müde. Dieser Krach stört mich jetzt.« In anderen Fällen, in denen es unmöglich wäre, an die Beziehung zum Erwachsenen oder an das Abschätzen von Konsequenzen für die Zukunft zu appellieren, hilft gelegentlich ein Appell, der die unmittelbare Wirkung auf die Gruppe hervorhebt. So reagierten beispielsweise sogar unsere Kinder dann, wenn sie rücksichtslos und wild waren, zumindest für eine kurze Zeit auf den Appell: »Bitte, laßt das jetzt sein. Es hält uns alle auf.«

Auf dem Weg zur Schule waren Larry und Danny heute in sich zurückgezogen. Sie sprachen sehr wenig und hingen irgendwelchen Tagträumen nach. Mike, Bill und Andy bildeten eine Dreiergruppe, wobei sich Mike und Bill mit Obszönitäten hervortaten und versuchten, auch Andy mit hineinzuziehen. Zuerst ergingen sie sich natürlich jeder für sich in schmutzigen Ausdrücken und achteten wenig aufeinander. Dann begann ein jeder, während der Pausen des anderen, da fortzufahren, wo jener aufgehört hatte. Wenn Mike als letztes »Scheiße« sagte, griff Bill das Wort auf und führte es mit »Ja, scheiß auf meinen Schwanz« weiter. Andy ging jedoch auf die obszönen Anregungen der beiden nicht ein, obwohl er ansonsten ein freundschaftliches Verhältnis zu ihnen hatte. Sie merkten dies und versuchten bald gemeinsam, ihn herauszufordern. Da mir auffiel, daß weder

Andy noch Larry noch Danny reagierten, entschied ich mich für einen Appell aufgrund dieser Tatsache und warf plötzlich ein: »Was ist denn eigentlich mit euch los? Seht ihr denn nicht, daß die anderen Pioniere über diese schmutzigen Ausdrücke längst hinaus sind?« Der sofortige Erfolg überraschte sogar mich. Sie hörten auf, und Bill verstieg sich sogar zu psychiatrischen Überlegungen, indem er sagte: »Okay, Dave, jetzt habe ich es verarbeitet und brauche es nicht mehr zu tun.« (Eintragung vom 16. 2. 48, David Wineman)

Mike mußte heute abend wieder einmal, wie schon so oft, aus seinem Schlafraum entfernt werden, weil er wie üblich gegenüber Larry sexuelle Aggressionen zeigte. Er stemmte seinen Fuß auf Larrys Bett, kicherte und lachte hysterisch und schlug gleichzeitig auf sein Kopfkissen ein, um imaginäre Feinde zu vertreiben. Dabei schimpfte und fluchte er vor sich hin. Ich nahm ihn mit nach unten, wo er mir gegenüber dasselbe Verhalten an den Tag legte wie vorhin bei Larry. Er schob seinen Fuß mein Bein hinauf und fluchte. Nachdem der eigentliche Anfall vorüber war, wurde er ausgesprochen eklig, bis ich sagte: »So, Mike, und jetzt hören wir auf damit. Ich bin seit halb acht heute morgen auf den Beinen und hundemüde. Wie wär's, wenn du jetzt nach oben gehst und dich wieder ruhig hinlegst?« Er stand eine Weile still da, dann sagte er ganz nüchtern: »Okay, Dave, ich tu's für dich.« Er ging still in sein Zimmer zurück und schlief ohne weiteres Theater ein. (Eintragung vom 17. 3. 48, David Wineman)

Auch hier ist es wichtig, genau das Gebiet abzustecken, innerhalb dessen ein Kind potentiell bereit ist, sich einem direkten Appell zu öffnen; ferner die Bedingungen herauszufinden, unter denen ein solcher Schritt überhaupt möglich ist, und die relevanten Realitätsfaktoren zu bestimmen, die mit der Wahl des richtigen Zeitpunkts und der spezifischen Situation verbunden sind – im Gegensatz zu anderen Situationen, in denen ein direkteres Eingreifen angezeigt erscheint. Andererseits ist es natürlich dann, wenn sich ein vergleichbarer Erfolg erzielen läßt, therapeutisch wertvoll – selbst dann, wenn die reale Situation ein Eingreifen unbedingt erforderlich macht – den direkten Appell anzuwenden, sofern dies möglich ist, anstatt zu anderen Mitteln zu greifen, die mehr Frustration und Widerstand erzeugen. Die häufigsten Ausgangspunkte für die Anwendung des Appells durch Erwachsene im täglichen »Kampf« mit kindlichem Verhalten lassen sich wie folgt ordnen:

Appell an eine persönliche Beziehung (»Bitte tu das nicht, ich finde das mir gegenüber nicht fair. Ich war doch freundlich zu dir.«

Oder: »Hör mal, du brauchst dich nicht so aufzuführen, denn vergiß nicht, daß wir Freunde sind.« Oder so ähnlich.)

Appell an physische Konsequenzen (»Du, das kannst du nicht tun. Das ist nämlich gefährlich. Es kann dies und das passieren.«)

Hinweis auf unerwünschte Konsequenzen (»Wenn du so unvorsichtig mit der Säge auf das Sperrholz losgehst, wird es abbrechen, und du mußt von vorn beginnen.«)

Appell an Feinfühligkeit gegenüber anderen (»Hör mal, das können wir nicht machen. Weißt du, die anderen Leute werden ein solches Benehmen in der Kegelbahn nicht dulden.«)

Appell an Forderungen des Über-Ich und Sensibilität gegenüber Werten und Normen (»Hör mal, so einer möchtest du doch nicht sein.« Oder: »Das willst du doch in Wirklichkeit selbst nicht, wie?«)

Appell an Respektierung des Gruppenkodex (»Ich glaube nicht, daß die anderen das fair finden werden.«)

Appell an narzisstischen Stolz (»Na hör mal, so willst du doch wohl nicht herumlaufen, daß sich alle Leute nach uns umdrehen.«)

Appell an das Abschätzen rechtlicher Konsequenzen (»Mein Lieber, wenn du dabei erwischt wirst, kannst du dir denken, was passiert.«)

Appell an das Ernstnehmen der Reaktion der Bezugsgruppe (»Du kannst nicht erwarten, daß dich die anderen Kinder noch mögen, wenn du ihnen weiterhin den Spaß verdirbst.«)

Appell an die Berücksichtigung von Grenzen, die in der Hierarchie liegen (»Ich kann dich nicht zurückhalten, aber du weißt, daß der Chef dir das nicht durchgehen läßt.« Oder: »Du weißt, daß ich bei dir keine Ausnahme machen kann. Wir Erzieher dürfen bei einem Ausflug nicht so viel Geld ausgeben.«)

Appell an persönliche Rücksichtnahme (»Bitte, schlag jetzt nicht mehr gegen die Tür, ich brauche wirklich meinen Schlaf, denn ich war die ganze Nacht auf.«)

Appell an den Stolz auf persönliche Fortschritte (»Na hör mal, so albern mußt du dich doch nicht mehr aufführen, das hast du nicht mehr nötig.«)

Es ist klar, daß bei jedem der hier aufgeführten Beispiele ungezählte praktische Probleme anfallen, die es erforderlich machen, spezielle Kriterien für oder gegen die Anwendung dieser Technik zu entwickeln. Die Bedeutung einer therapeutisch realistischen und praktisch klugen Mischung verschiedenartiger Appelle wird so zu einer der brennendsten Fragen in der Arbeit mit gestörten Kindern. Viele dieser Formen des Appells werden auch im Rahmen langfristiger Programme angewandt, die an anderer Stelle diskutiert werden.[18] Hier interessiert uns die Technik des »direkten Appells« in erster Linie als Methode zur Unterbindung unerwünschten Verhaltens oder zur Erzeugung notwendigen Verhaltens aus den verschiedensten Gründen. In Bereichen des kindlichen Lebens, in denen noch eine potentielle Aufnahmebereitschaft existiert und wo dieses Potential noch eine echte Kontrollfunktion ausüben kann, wenn es durch einen Appell mobilisiert wird, lassen sich direkte Appelle tatsächlich wirkungsvoll zur Steuerung des Verhaltens einsetzen. Selbstverständlich weisen Appellmöglichkeiten, wo immer sie uns zur Verfügung stehen, einen praktischen Vorteil gegenüber einigen anderen Techniken auf, mit denen wir uns noch befassen werden. Genau das gilt auch für einige der bereits beschriebenen Techniken: die Vermeidung einer unmittelbaren Frustrations-Reaktion und einer durch Intervention ausgelösten Aggression sowie von Problemen im Zusammenhang mit befürchtetem Gesichtsverlust und von Schwierigkeiten als Folge von Statusveränderungen und so weiter. Andererseits ist es wichtig, zu erkennen, daß das Gewicht eines bestimmten Appells je nach vorliegendem Problem stark schwanken kann und sich auch nach der Erregung richtet, der ein Kind ausgesetzt ist, oder nach der vorübergehenden Verwirrung in der Gruppe, in der es sich befindet. Eine der erstaunlichsten Beobachtungen beim Umgang mit gestörten Kindern sind die großen Schwankungen in der Aufnahmebereitschaft dieser Kinder gegenüber verschiedenen Arten von Appellen. Derselbe Junge, der aufgrund einer augenblicklichen Zuneigung zum Erzieher sehr rücksichtsvoll ist, mag sich selbst einem vernünftigen Appell an persönliche Rücksichtnahme unzugänglich zeigen, wenn er von der Gruppe psychologisch angesteckt oder von einer Untergruppe in einen Unfug verwickelt wird. Noch eine Tatsache ist interessant: Einige dieser Appelle lassen sich nur im Rahmen individueller Beziehungen anwenden und sind in einer

Gruppensituation völlig unwirksam, während es bei anderen genau umgekehrt ist. Welcher Appell entweder individuell oder gruppenpsychologisch wirksamer ist, muß natürlich von Gruppe zu Gruppe und sogar von Situation zu Situation unterschiedlich beurteilt werden.

12. Einschränkung der räumlichen Bewegungsfreiheit und der Verfügbarkeit von Gegenständen[19]

Die Verwirrung, die in dieser Frage in der »öffentlichen Meinung« herrscht, hat leider auch auf die Fachleute übergegriffen. Man stellt weitverbreitet die Neigung fest, ein grundsätzliches Entweder-Oder-Problem aus einem Sachverhalt zu machen, der ganz offensichtlich von Fall zu Fall einer wohlüberlegten Entscheidung bedarf. Es ist nämlich so, daß »Einschränkung und Wegnehmen« je nach Gefühlslage und Weltanschauung des einzelnen entweder als Zeichen für eine umsichtige »realitätsangemessene Strenge« eines verantwortungsbewußten Erziehers betrachtet wird oder als das unbestreitbare Symptom von Strafsucht, Gefühllosigkeit gegenüber Kindern oder psychiatrischer Naivität hinsichtlich tieferer Bedeutungen. Im *Pioneer House* hatten wir reichlich Gelegenheit, diese Verwirrung bei unseren Besuchern – und manchmal auch bei uns selbst – wahrzunehmen. Wenn Erzieher, die uns besuchten, zufällig eine recht wilde Szene miterlebten, gelang es ihnen oft nicht, ihre Fassungslosigkeit darüber zu verhehlen, daß wir »lasch und dumm« genug seien, Spielsachen nicht durch Wegschließen zu schützen oder einem Jungen, der irgendein Gerät gerade zweckentfremden wollte, dieses nicht wegzunehmen. Am selben Tag gelang es uns vielleicht, bei einem Psychiater oder Therapeuten unmißverständliche Anzeichen des Entsetzens hervorzurufen, weil wir einzugestehen wagten, daß wir »Mike gestern abend die Taschenlampe weggenommen hatten« oder daß wir gewisse Schubladen und Zimmer verschlossen hielten.

Natürlich war auch deutlich, daß wir zumindest am Anfang Schwierigkeiten mit uns selbst und mit unserer eigenen Erziehung überwinden mußten. Viele interne Besprechungen und Konferenzen drehten sich um Probleme wie: »Warum hast du Schuldgefühle darüber, daß du gestern Bill das Messer wegnehmen mußtest? Alles deutet darauf hin, daß es sich um eine außerordentlich vernünftige Maßnahme handelte, und du hast es so gemacht, daß alle ›antiseptischen‹ Regeln aus den ›Lehrbüchern‹ eingehalten wurden.« Oder wir mußten einander eingestehen, daß Joe gestern das Messer nur deshalb abgenommen wurde, weil wir selber Angst hatten, und nicht, weil diese Maßnahme therapeutisch klug und wirklich erforderlich gewesen wäre. Der Praktiker kann sich nicht auf »allgemeingültige Regeln« zurückziehen; für ihn wird das Problem der Einschränkung der räumlichen Bewegungsfreiheit und der Verfügbarkeit von Dingen zu einer Frage der täglich neuen Entscheidung. Es ist zwar nicht möglich, auch nur einen Bruchteil unserer Vorstellungen und Erfahrungen auf diesem Gebiet wiederzugeben, aber es sei trotzdem gestattet, das Problem wenigstens kurz zu streifen.

Bei der Technik der »räumlichen und dinglichen Einschränkung« lassen sich zwei völlig verschiedene Ebenen unterscheiden. Zunächst die Ebene des »Vermeidens«: Wir können Werkzeuge, Spielsachen und Zimmer unter Verschluß halten oder ihren Gebrauch mit unterschiedlichen »Bedingungen« und »Tabus« umgeben. Es ist eine sehr praktische und wichtige Frage, welche Maßnahme in welchem Fall ratsam sei und welche räumlichen Bereiche, Werkzeuge oder Spielsachen mit solchen Einschränkungen belegt werden sollten. Aber eine Erörterung dieses Themas würde den Rahmen dieses Buchs sprengen. Es sei hier nur gesagt, daß wir zwar den Grundsatz der »Symptom-Toleranz« und eines strategisch wichtigen Spielraums für Verhaltensauffälligkeiten verfolgen, um diese für spätere Lernerfahrungen fruchtbar zu machen, aber eindeutig die Meinung vertreten, daß es klare Hinweise darauf gibt, wo räumliche und dingliche Einschränkungen vonnöten sind. Wenn man zum Beispiel Geld herumliegen läßt, kann das ganz einfach bedeuten, daß man in diesem Augenblick Kinder, zu deren Krankheitsbild Kleptomanie gehört, unnötig in Versuchung führt. Das unbedachte Herumliegenlassen von Werkzeugen und Spielsachen forderte im *Pioneer House* unter bestimmten Voraussetzungen ganz einfach die Ansteckung einer ganzen Gruppe und einen Aufruhr heraus, was in keinerlei Hinsicht günstig war.

Richtige Entscheidungen können in diesem Bereich von großer Bedeutung sein. Dafür nur eine von vielen Illustrationen: Uns war bekannt, wie neugierig Kinder auf Zimmer, Schreibtische und Schubladen von Erwachsenen sind, die in ihrem Leben eine bedeutsame Rolle spielen. Wir wußten deshalb, daß wir es ihnen irgendwie erlauben mußten, einmal im Schreibtisch oder in der Schublade eines Erwachsenen herumzukramen oder während eines Gesprächs mit den Sachen auf seinem Tisch zu spielen. Andererseits hätte der ungehinderte Zugang zu jeglichem Eigentum der Erwachsenen nichts anderes bedeutet als einen Mangel an Vorsicht, da wir ja wußten, daß davon eine große Versuchung für die Kinder ausging. Für das Zimmer der Hausmutter, das im Leben der Kinder einen strategisch sehr wichtigen Bereich darstellte, entwickelten wir so etwas wie »Zonen-Regeln«: Eine Schublade sollte es geben, in der die Kinder jederzeit herumkramen durften, wenn sich die Hausmutter zusammen mit ihnen im Zimmer aufhielt. Sie durften hineinlegen oder wegnehmen, was immer sie wollten, oder zumindest darum bitten. Dann gab es eine andere Schublade, die von den Kindern zwar geöffnet und durchsucht werden durfte, aber die Hausmutter erlaubte nicht, irgend etwas hineinzulegen oder herauszunehmen. Diese Schublade enthielt gewisse Dinge, die Erwachsene in ihren Schreibtischen aufbewahren, wie zum Beispiel Buchungsunterlagen. Wenn sich die Neugier der Kinder regte, bekamen sie die Erlaubnis, diese Schublade zu durchsuchen, sich alles anzusehen und sich davon zu überzeugen, daß es für sie völlig uninteressant war; wenn sie festgestellt hatten, daß nichts vor ihnen verborgen wurde und daß es sich nur um »langweiligen Erwachsenenkram« handelte, legten sie es wieder zurück. Es gab noch andere, ähnliche Schubladen. Einige jedoch waren einfach verschlossen und konnten von den Kindern auch dann nicht geöffnet werden, wenn sie es wünschten. Man nannte ihnen dafür Gründe, setzte diese Maßnahme mit ihrem eigenen Bedürfnis und Recht, Eigentum unter Verschluß zu halten, in Beziehung, und wenn in dieser Angelegenheit die emotionalen Wellen hochschlugen, wurde das Problem sofort aufgegriffen. Auf diese Weise hofften wir, bei den Kindern ein gewisses Bewußtsein für unterschiedliche »Zonen« der Privatsphäre und der Zugänglichkeit von Besitz und Lebensraum anderer zu wecken. Wir machten die im Zusammenhang damit aufkommenden Verhaltensweisen und Gefühle für alle Arten von Gesprächstherapie fruchtbar.

Die andere Ebene, auf der die Frage nach einer »räumlichen und dinglichen Begrenzung« eine Rolle spielen kann, ist dann gegeben, wenn ein Kind, das ein Werkzeug oder einen Raum mißbräuchlich benutzt, keiner der bisher erwähnten Beeinflussungstechniken zugänglich ist und uns gar nichts anderes übrigbleibt, als ihm den Zutritt zu diesem Raum zu verwehren oder den Gegenstand abzunehmen, der die Kontrollen des Kindes auf verführerische Weise überrumpelt hat. Hierbei scheint es sich um die umstrittenste Frage in der Diskussion zwischen Erziehern und Psychiatern zu handeln. Wie bereits gesagt, möchten wir nicht den irrigen Eindruck erwecken, als wollten wir uns als Erwachsene lediglich Ärger ersparen, indem wir Kindern Spielsachen wegnehmen, damit sie keinen Unfug damit treiben. Wir möchten andererseits deutlich machen, daß es nach unserer Überzeugung unter gewissen Bedingungen eine kluge Interventionstechnik sein kann, einem Kind etwas wegzunehmen. Mehr noch: wenn wir das niemals täten, würden wir letztlich den Lebensraum dieser Kinder in unerträglichem Maß verarmen lassen. Wenn wir sie nämlich bestimmten Situationen aussetzen und ihnen gestatten, gewisse Spielsachen oder Werkzeuge zu benutzen, beschwören wir natürlich Schwierigkeiten herauf. Ohne diese Schwierigkeiten, die aus der übermäßigen Stimulierung durch einen aufregenden Gegenstand stammt, könnten wir nicht das Programm entwickeln, das wir aus anderen therapeutischen Gründen so nötig brauchen. Wenn Kinder mit dem Programm konfrontiert werden, das sie benötigen, geraten sie jedoch unweigerlich in Situationen der »Überstimulation« oder »Verführung« oder auch einer »gruppenpsychologischen Ansteckung«, wie wir sie beschrieben haben. Manchmal lassen sich derartige Gefahren voraussehen und vermeiden; manchmal nicht. In diesem Fall erscheint es nicht nur als der realistischere, sondern auch als der therapeutisch vorteilhafte Schritt zur Bewältigung der für das Kind wie für die Gruppe gleichermaßen schädlichen Verwirrung, den problemauslösenden Gegenstand fortzunehmen, insbesondere dann, wenn die Erregung ein Stadium erreicht hat, in dem andere Mittel nicht mehr wirken.

Andererseits müssen wir uns natürlich der komplexen Problematik der »Antisepsis« im Zusammenhang mit diesem Problem voll bewußt sein. Es stimmt nämlich, daß »Wegnehmen« für das Unbewußte des Kindes oft mehr bedeutet, als wir ahnen oder beabsichtigen. Das trifft für bestimmte Geräte und Spielzeuge mehr zu als für andere. Und wir wissen auch, daß »Wegnehmen« von den Kindern als Beweis dafür angesehen werden kann, daß wir sie ablehnten. Ein solches aktives Eingreifen in den Gebrauch von Spielsachen und Werkzeugen kann daher vom therapeutischen Standpunkt aus gefährlicher sein als viele andere Formen der Intervention. Manchmal reichen diese Erwägungen schon als Kontraindikation gegen die erwähnte Technik aus. In anderen Fällen können die Art und Weise, wie sich ein Erwachsener verhält, wenn er einem Kind etwas wegnimmt, und seine gesamte Beziehung zu diesem Kind in anderen Situationen so aussehen, daß der Auswirkung des »Wegnehmens« die Spitze genommen wird oder daß die Situation nachfolgend bereinigt werden kann.

Nun einige Illustrationen zu diesem Punkt. Es kann manchmal vorkommen, daß der Erzieher den Kindern vor dem Schlafengehen noch eine Geschichte vorliest und dabei, obgleich die ganze Gruppe sehr daran interessiert ist, durch einen Jungen gestört wird, der einfach der Versuchung nicht widerstehen kann, den anderen Kindern immer wieder mit der Taschenlampe in die Augen zu leuchten. Es wäre aus verschiedenen, therapeutisch selbstverständlichen Gründen töricht, den Kindern generell zu verbieten, ihre Taschenlampen mit ins Bett zu nehmen. Andererseits wäre es unklug, vor einer jeden derartigen Situation gleich zu kapitulieren, indem man auf das Erlebnis des Vorlesens verzichtet – wofür der Therapeut eine ganze Reihe von Gründen angeführt hat –, nur um gegenüber dem Problem des einen Jungen ein drastischeres Eingreifen zu vermeiden. Es wäre auch unklug, bei diesem Jungen ein Verhalten zu dulden, das die Rache aller seiner Zimmerkameraden auf sein Haupt herabbeschwört – und das zu einem Zeitpunkt, wo wir gerade bemüht sind, ihn für die anderen annehmbarer zu machen. Das bedeutet, daß der Erwachsene unter Umständen darauf bestehen muß, daß die Taschenlampe bis zum nächsten Morgen in der Schublade des Jungen verschwindet. Falls die Erregung die Grenze der vorbeugenden Interventionsmöglichkeit schon überstiegen hat, kann der Erzieher sogar gezwungen sein, die Taschenlampe vorläufig wegzunehmen, damit sie im Augenblick nicht weiter benutzt wird.

Es ist jedoch wichtig, daß sich der Erzieher in einer therapeutisch relevanten Situation durchaus der Kriterien für oder gegen eines dieser Verfahren bewußt ist und daß er die symbolische Bedeutung einer solchen Handlung sowie den möglichen Schaden kennt, den er vielleicht anrichten kann. Das bedeutet, daß er vielleicht scharf eingreifen muß, daß er aber für dieses Eingreifen Bedingungen und Situationen schafft, die in der Vorstellung des Kindes keine Verwirrung aufkommen lassen. Er wird auch nach einer Möglichkeit suchen, den in diesem Augenblick unvermeidbaren Schaden in einem nachfolgenden Gespräch aufzugreifen und zu bewältigen. Es gibt verschiedene Absicherungen gegen Fehlinterpretationen durch das Kind: die Freundlichkeit und das Fehlen strafender Strenge beim Eingreifen; die Geduld, die der Erwachsene bei kleineren Störungen aufbringt, bevor schließlich das Wegnehmen notwendig wird; die vorangegangenen Versuche, das störende Verhalten des Kindes ohne Drohung, sondern durch Appelle und gutes Zureden zu beheben; die Versicherung früherer Erfahrungen mit diesem Erwachsenen, daß der Junge z. B. seine Taschenlampe wiederbekommt und daß der Erwachsene nichts gegen die Freude am Besitz dieser Lampe hat, sondern lediglich deren derzeitigen Mißbrauch unterbinden will; das völlige Fehlen von Ungeduld oder Triumph beim Einschreiten selbst; das Verständnis für die Gefühle des Kindes nach dem Eingreifen und so weiter.

In anderen Fällen kann es notwendig werden, selbst solche psychohygienischen Überlegungen vorübergehend beiseitezulassen, wenn nämlich eine gefährliche Situation beispielsweise dadurch entsteht, daß ein Kind in großer Erregung ein Messer aufklappt. Das Messer muß dem Kind dann möglicherweise weggenommen werden. Im Augenblick wird das Kind eine solche Einmischung als feindselige Zurückweisung und als Sadismus von seiten des Erwachsenen empfinden, aber auch in diesem Fall bieten ein nachfolgendes Gespräch und die Gesamtatmosphäre, in der Kinder und Erwachsene gemeinsam leben, ein ausreichendes Gegengewicht, um irgendwelche falschen Gefühle abbauen zu können, die zunächst entstanden sind. Am wichtigsten ist es, daß der Erwachsene bei jedem Eingriff, der streng und drastisch die räumliche Bewegungsfreiheit und die Verfügbarkeit von Gegenständen einschränkt, frei von Aggression, Straf- oder Rachegedanken ist. Der Erwachsene muß sich in solchen Situationen so verhalten, daß seine Handlungsweise für das Kind entweder sofort eindeutig erkennbar oder nachträglich leicht interpretierbar ist als eine momentane Unterstützung der eigenen Kontrollfähigkeiten, und zwar im Interesse sowohl des Kindes wie auch der Gruppe, und auf gar keine Weise als eine Zurückweisung des Kindes, irgendeine Vergeltung oder Strafe angesehen wird. Es ist auch selbstverständlich, daß der Zeitpunkt der Wegnahme unter therapeutischen Gesichtspunkten realistisch abgeschätzt werden und ohne den Beigeschmack einer Strafe sein muß. Gleichzeitig muß sich das Kind sicher sein, daß die Wegnahme nur eine vorübergehende Maßnahme ist. Die Gründe und die Bedeutung des Eingriffs müssen mit Worten oder durch eine liebevolle Zuwendung des Erwachsenen deutlich gemacht werden. Unter den erwähnten Bedingungen jedenfalls kann es manchmal unvermeidbar sein, die Benutzung von Dingen und Raum streng zu beschneiden, und ein solcher Eingriff kann im therapeutischen Alltag vielleicht sogar klärend und nur teilweise verwirrend wirken.

Wir haben den Eindruck, daß ein erwachsener Gruppenleiter, der weiß, daß er im Notfall klar umschriebene und wirkungsvolle Techniken dieser Art vernünftig und klug einsetzen kann, sich in der übrigen Zeit froher und freier fühlen wird, wenn die Kinder mit relativ riskanten, aber im Hinblick auf die Behandlung wertvollen und wünschenswerten Gegenständen umgehen. Er wird sich außerdem frei von Erregung, Rachegedanken oder Aggressionen fühlen, wenn er dann wirklich eingreifen muß. Wir sollten das Einschreiten nicht als bedauernswerten Unfall betrachten, der eigentlich mit therapeutischen Grundsätzen unvereinbar sei; wir sollten lieber die gelegentliche Intervention unter psychohygienischen Bedingungen zu einem gut geübten, lohnenden und auf die Wirklichkeit abgestimmten therapeutischen Hilfsmittel machen. Den Mitarbeitern im *Pioneer House* wurde empfohlen, eine besonders gute, fröhliche, auf kindlichen Spaß orientierte Beziehung gerade zu den Werkzeugen und Gegenständen zu entwickeln, die später einmal gefährlich werden und möglicherweise einen extremen Eingriff dieser Art erfordern könnten. Bei einer solchen »Freundschaft mit gefährlichen Gegenständen« befinden sich das Kind und der Erwachsene im Augenblick des Eingriffs in einer wesentlich günstigeren Stimmung. Das bedeutet, daß ein Erwachsener, der einem Kind ein Messer oder eine Taschenlampe wegnimmt, von dem Kind dann viel eher als feindseliger und rachesüchtiger Störenfried betrachtet wird, wenn das Kind weiß, daß der Erwachsene die Sache von vornherein mit Argwohn betrachtete und gar nicht wollte, daß das Kind an einem solchen Ding Freude hat. Wenn ein Erwachsener dem Kind bewiesen hat, daß er grundsätzlich dafür ist, daß es sich am vernünftigen Gebrauch eines Spielzeugs oder Gegenstands erfreut, kann er selbst den Augenblick der Erregung, hervorgerufen durch den strengen Eingriff in das Leben des Kindes, ohne den Beigeschmack ungebührender Feindseligkeit meistern und dem Kind klarmachen, daß es sich um eine vorübergehende Kontrollmaßnahme handelt und nicht um einen absichtlichen Akt der Feindseligkeit von seiten des Erwachsenen. Selbst wenn die augenblickliche Erregung oder pathologische Neigungen dem Kind vorübergehend eine solche Interpretation eingeben mögen, haben wir die Erfahrung gemacht, daß es gewöhnlich leicht ist, nachträglich in geplanten Situationen die negative Auswirkung einer so drastischen Interventionstechnik durch Reden, Zuhören oder einfache gemeinsame Betätigung zu mildern.

Heute spielten die Jungen den größten Teil des Nachmittags mit den neuen Wasserpistolen, die der Direktor ihnen allen von einer Reise mitgebracht hatte. In der Dusche gab es unter Aufsicht des Erziehers mehrere Wasserschlachten. In Badehosen spielten sie vergnügt Räuber und Gendarm. Alles verlief recht gut und ohne ernsthafte Zwischenfälle. Vor dem Abendessen holten wir die Jungen zusammen und baten sie, sich anzuziehen und zum Hinuntergehen fertigzumachen. Bei dieser Routinesache machten alle recht bereitwillig mit, und als wir dann hinuntergehen wollten, schoben sie ihre Wasserpistolen hinter die Gürtel und machten sich auf den Weg. Ich rief: »Halt, einen Augenblick, Jungs! Wie wär's, wenn ihr nur zum Essen eure Artillerie bei mir an der Garderobe abgebt?« Als die Jungen maulten, fügte ich hinzu: »Nun hört mal, ihr habt heute nachmittag mit den Pistolen alle einen Heidenspaß gehabt, aber das war unter der Dusche. Warum das alles verderben, indem ihr die Dinger mit in den Speisesaal nehmt, wo sicher einer auf die Idee kommt, die Pistole mal eben ins Wasser oder in die Milch zu tauchen und dann jemanden zu bespritzen? Dann gibt's echten Ärger. Da bewahre ich die Dinger doch lieber während des Essens im Büro auf.« Dann gab Mike seine Pistole her und sagte. »Ich will sie aber gleich nach dem Essen zurückhaben, Dave.« Ich antwortete: »Na klar.« Darauf lieferte die ganze Gruppe die Pistolen ab, und wir gingen zum Essen. (Eintragung vom 17. 10. 47, David Wineman)

Während ich heute abend vor dem Schlafengehen der Gruppe etwas vorlas, knipste Larry ständig seine Taschenlampe an und aus. Schließlich beschwerten sich die anderen Kinder darüber und sagten mit vollem Recht, Larry störe das Vorlesen, und außerdem sei es ohnehin ein Verstoß gegen die Regel, die Taschenlampe im Bett zu benutzen. Es war seine funkelnagelneue Riesentaschenlampe, die er zu Weihnachten bekommen hatte, und ich zögerte, sie ihm abzunehmen, weil mir ihre offensichtliche symbolische Bedeutung für Larry bewußt war. In diesem Sinne war ganz klar, daß das Spielen mit der Taschenlampe für ihn eine Gedankenverbindung zum Masturbieren darstellte. Er hielt die Lampe etwa in Höhe der Genitalien unter seiner Decke, holte sie dann plötzlich hervor und leuchtete zur Zimmerdecke hinauf. Das wiederholte er in rhythmischer Abfolge. Sobald Danny sich beklagte, wurde Larry sehr aggressiv und erklärte, niemand werde ihm die Taschenlampe wegnehmen, nein, das dulde er nicht. Er drehte sich um und legte sich mit dem Bauch auf die Lampe, um sie vor dem Weggenommenwerden zu schützen. Ich hatte übrigens noch keinerlei Anstalten gemacht, etwas Derartiges zu tun. Bald begann er jedoch wieder zu blinken. Also sagte ich: »Hör mal, Larry, das können wir nicht zulassen. Ich bestehe darauf, daß du die Lampe wenigstens in deine Schublade legst und sie bis morgen früh dort läßt. Sonst muß ich sie für dich aufbewahren, weil alle anderen deinetwegen nichts von der Geschichte mitbekommen.« Brummelnd stieg er aus dem Bett, legte die Lampe in die Schublade und kletterte wieder hinein. Ich las die Geschichte zu Ende. (Eintragung vom 18. 1. 48, Barbara Smith)

Nach der Schule kamen die Jungen heute zu mir, um sich wie immer Milch und Kekse zu holen. Nachdem sie fertig waren, verfielen Sam und Joe plötzlich auf den Gedanken, an Ort und Stelle einen Ringkampf auszutragen. Sie zogen sich bis zum Gürtel aus und packten einander. Lachend ging ich dazwischen und sagte: »He, he, aufhören! Oben im Spielzimmer ist der richtige Platz für so etwas. Kommt, wir holen die Matten heraus, ernennen einen Schiedsrichter und machen einen ehrlichen Zweikampf daraus.« (Eintragung vom 18. 1. 47, Emily Kener)

13. »Antiseptischer« Hinauswurf[20]

Der Ausdruck »Antiseptischer Hinauswurf« mag jeden schockieren, der sich auch nur einigermaßen mit den Grundsätzen einer fortschrittlichen Erziehung oder gar einer »Therapie« identifiziert. Wir möchten deshalb gleich klarstellen, daß der Ausdruck »Antiseptischer Hinauswurf« in diesem Abschnitt der Anschaulichkeit und der Offenheit halber absichtlich überzeichnet wurde. Wir hätten sicher einen wissenschaftlicher klingenden Begriff finden können, wie zum Beispiel »Situative Eliminierung«. Wir glauben jedoch, daß wir dann dem eigentlichen Problem aus dem Wege gegangen wären. Es läuft im Grunde nämlich auf dasselbe hinaus. Gleichzeitig möchten wir jedoch darauf hinweisen, daß dem Begriff »Hinauswurf« das Adjektiv »antiseptisch« beigeordnet wurde. Kurz gesagt: Wir stellen uns die Sache nicht so vor, daß ein zorniger Erwachsener ein Kind hinauswirft und dabei Feindseligkeit, Aggression, Wut und Triumph zeigt, sondern wir denken an die Tatsache, daß in gewissen Fällen die Entfernung eines Kindes von einer bestimmten Konfliktszene die einzige Möglichkeit darstellt, die damit verbundenen Verhaltensweisen zu beeinflussen.

Die Situation, in der sich die Anwendung dieser Technik empfiehlt, hat oft den Charakter eines »Notfalls«. Offenbar hat das Verhalten des Kindes dann ein Maß an Intensität erreicht, oder sein Verlust an Eigenkontrolle bzw. das Stadium seiner Erregung erreicht einen Höhepunkt, für den die ansonsten wirksamen Eingriffe nicht mehr anwendbar erscheinen. Das muß jedoch nicht unbedingt so sein. Oft empfiehlt sich der »Antiseptische Hinauswurf« als kluger Schritt, den man ins Auge fassen sollte, lange bevor sich irgendeine Art der »Krise« entwickelt, das heißt in erster Linie als präventive Maßnahme.

Die Kriterien, die für das Herausnehmen eines Kindes aus einer bestimmten Situation sprechen, lassen sich wie folgt gliedern:

13.1 Kriterien

(1) Physische Gefahr

Dieser Punkt bedarf kaum einer weiteren Erläuterung. Es ist einfach so, daß sich Kinder mit einer extremen Kapazität an Haß und Zerstörungswut gelegentlich in einen solchen Erregungszustand hineinsteigern, daß alle üblichen Vorstellungen von Gefahrengrenzen über Bord gehen. Gebietet man ihnen nicht Einhalt, so erreichen sie sicher im nächsten Augenblick schon die Grenze, jenseits derer die eigene Sicherheit oder die anderer Kinder gefährdet ist. Eine solche Situation kann aus Fehlern der Programmplanung entstehen oder als unvorhersehbarer Zwischenfall. In beiden Fällen kann zu einem bestimmten Zeitpunkt das Unterbinden des Verhaltens absolut vorrangig sein.

(2) Reizung durch die gruppenpsychologischen Prozesse

Manchmal kann in einem Kind eine solche Spannung gegenüber der Gruppe oder einigen ihrer Mitglieder entstehen, oder die gerade laufende Tätigkeit stimuliert es so übermäßig, daß es ganz offensichtlich nicht zu beruhigen ist, solange es in der jetzigen Ansteckungskette verhaftet bleibt oder der Erregung ringsum ausgesetzt ist. In diesem Fall dürfte das Kind leichter zu beruhigen sein, wenn man es aus der Situation herausnimmt. Das kommt oft vor nach einer aufregenden Rauferei, in einem bedrohlichen oder übermäßig erregenden Spiel oder auch nach einem Wutausbruch, der vom Anblick der auslösenden Person oder Szene ständig neue Nahrung erhält.

(3) Unbezwingbarer Ansteckungseffekt

Dies scheint die Kehrseite des zuvor beschriebenen Punktes zu sein. Manchmal regten die bloße Anwesenheit eines Kindes oder sein Verhalten die *Gruppe* in einem solchen Maß auf, daß keine Möglichkeit besteht, sie zu beruhigen, solange es sich austobt oder gar solange es nur anwesend ist. Das klassische Beispiel dafür ist die wohlbekannte Situation, in der sich ein Kind in einen solchen Zustand der »Kicheritis« hineinsteigert, daß es auch beim besten Willen nicht mehr aufhören kann, obwohl gleichzeitig jeder neue Ausbruch verheerende Wirkungen auf die Gruppe hat. Jeder Erzieher weiß, wie leicht so etwas selbst bei den verträglichsten Kindern vorkommt. Die übrige Gruppe ist vielleicht gerade im Begriff, sich zu entspannen und einzuschlafen. Ein Kind stachelt sie immer wieder auf, indem es unter der Decke kichert. Wir können noch so sehr bitten und betteln oder auch drohen – es ist nicht imstande aufzuhören. In diesem Fall läßt sich das Problem oft genug dadurch lösen, daß wir uns mit ihm zusammen irgendwo draußen unter einen Baum setzen. In unserer freundlich gestimmten Gegenwart und abseits von der übermäßig stimulierenden Gruppenszene beruhigt sich das Kind dann bald wieder. Wenn wir mit ihm zur Unterkunft zurückgehen, schlafen die anderen schon fest. Selbstverständlich wird weder gedroht noch gestraft. Manchmal wird die Situation natürlich durch die Tatsache komplizierter, daß das spezifische Verhalten des Kindes auf Absicht beruht. Ein geschickter »Rädelsführer« kann eine ganze Gruppe in Aufruhr versetzen. Dieser mag einen Punkt erreichen, an dem die Trennung des Rädelsführers von den anderen der einfachste Ausweg ist.

(4) Bedürfnis nach einem Ausweg, der das Gesicht wahren hilft

Kinder steigern sich manchmal in ein Stadium ansteckender Ausgelassenheit hinein, dem Einhalt geboten werden muß. Es kann sein, daß ein bestimmtes Kind zwar nachzugeben bereit ist, sich das aber nicht leisten kann, weil es bei einem offenen Einlenken vor den anderen sein Gesicht verlieren oder als feiger Verräter an den Streichen der Gruppe oder als »Lehrers Liebling« betrachtet würde. Wenn man das Kind in einem solchen Fall zu einem Gespräch beiseitenimmt, wahrt es gegenüber der Gruppe das Gesicht, und es fällt ihm in freundlichem Kontakt mit dem Erwachsenen leichter, die Bedeutung unseres Eingreifens einzusehen, ohne daß es dabei ins Kreuzfeuer der anderen gerät. Auch die Gruppe kann dann »nachgeben«. Wenn das betreffende Kind dageblieben wäre, hätte sich die Gruppe geschämt, als erste den Forderungen der Erwachsenen nachzugeben, und sie hätten den Vorwurf der Feigheit von dem Kind gefürchtet. Solche Kinder sind für einen »Hinauswurf« manchmal sogar dankbar. Gelegentlich fordern sie sogar diese Lösung heraus, wenn sie sich auf andere Weise nicht mehr zu helfen wissen.

(5) »Einmassieren« von Grenzen[21]

Gelegentlich muß man ein Kind nicht deshalb aus der Gruppe herausnehmen, weil sein Verhalten so extrem wäre oder weil ihm anders nicht Einhalt geboten werden könnte, sondern weil das Problem, um das es geht, ein klares Aufzeigen der Grenzen von seiten des verantwortlichen Erwachsenen verlangt. Wenn nach reichlichem Beweis von Toleranz ein bestimmtes wichtiges Problem vollkommen klargestellt ist, wie zum Beispiel, daß man in einem fahrenden Wagen nicht aufs Gaspedal treten darf, gefährdet das Kind, das den Erwachsenen durch eine Wiederholung dieser Handlung an Ort und Stelle herausfordert, die in bezug auf dieses Problem bereits aufgebaute Moral, wenn es das mit einem Tabu versehene Verhalten ungestraft fortsetzen kann. Gelegentlich sind andere Formen des »Einmassierens von Grenzen«, wie zum Beispiel ein ruhiges Gespräch, bereits aufgebraucht, oder sie sind zur Zeit aufgrund der Erregung nicht anwendbar; dann kann es klug sein, eine klare Linie zu ziehen, indem man das Kind, das sich in einer wichtigen Frage selbst Mindestforderungen nicht beugt, vorübergehend aus der Situation herausnimmt. Natürlich braucht der Erwachsene dabei nichts anderes zu demonstrieren als: »So etwas gibt es einfach nicht mehr, nachdem wir die Grenze festgesetzt haben.« Es besteht überhaupt kein Anlaß, dabei zornig und streng zu werden oder irgendwelche persönlichen Gefühle gegenüber dem Grenzverletzer an den Tag zu legen. Im Gegenteil, je bestimmter man auf das »Aufhören« besteht, um so ertragreicher sind der von Zuwendung bestimmte Umgang mit dem Missetäter und ein nachfolgendes ausführliches Gespräch sowohl unter vier Augen als auch im Rahmen der Gruppe.

Soviel zum »Hinauswurf« als solchem. Wir dürfen jedoch nicht das Adjektiv vergessen, das als Conditio sine qua non dazugehört: Unabhängig davon, aus welchem Grund wir das Herausnehmen aus einer Situation für erforderlich halten mögen, muß es *antiseptisch* geschehen. Das bedeutet, daß wir keineswegs an anderer Stelle Schaden stiften oder das eigentliche therapeutische Ziel gefährden dürfen, während wir ein vorübergehendes Problem lösen. Um das sicherzustellen, möchten wir die Risiken aufführen, die unweigerlich mit dem Anwenden einer solchen Technik verbunden sind.

13.2 Vorsichtsmassregeln und Kontraindikationen

(1) Wahrung der persönlichen Beziehung

Wir möchten natürlich nicht, daß das »Herausnehmen aus einer Problemsituation« das persönliche Verhältnis stört, das wir gegenüber dem einzelnen oder der Gruppe so mühevoll aufgebaut haben. Das bedeutet, daß wir sicherstellen müssen, daß ein Kind uns versteht: Wir unterbinden lediglich ein Verhalten, das sich auf andere Weise nicht unterbinden läßt, oder wir helfen ihm bei der Vermeidung von noch größerem Ärger. Oder wenn der Betroffene es nicht gleich versteht, müssen wir auf jeden Fall gleich hinterher in Wort und Tat »interpretieren«, worum es ging. Auf keinen Fall darf diese Technik des Herausnehmens aus einer Situation von dem Betroffenen oder uns mit Strafe, Rache oder Ablehnung verwechselt werden. Das gilt auch für die Gruppe. Wenn sie beobachtet, wie ein Erwachsener ein Kind aus einer bestimmten Situation ausschließt, kann das seiner Führungseigenschaft eine Färbung geben, die ein zu hoher Preis wäre. Aus diesem Grund wiesen wir diese Rolle während der ersten Monate im *Pioneer House* nur den beiden Direktoren zu, um die Gruppenerzieher oder die Hausmutter nicht mit den Gegenaggressionen zu belasten, die durch solche Zwischenfälle hervorgerufen werden. Es ist daher wesentlich, daß alle derartigen Situationen vollkommen freigehalten werden von Ärger, Aggression und insbesondere jedem Anklang einer persönlichen Zurückweisung des betroffenen Kindes. Es ist erstaunlich, in welchem Maß Mitarbeiter lernen können, den »Tenor« eines Zwischenfalls psychohygienisch sauber zu halten. Wenn wir zu irgend einem Zeitpunkt das Gefühl hatten – ausgenommen waren echte Gefahrenmomente –, daß die Störung der Beziehung für ein bestimmtes Kind zu schwerwiegend wäre, duldeten wir lieber die verheerenden Folgen seines Ausbruchs, als daß wir eine so »kostspielige« Technik wie diese anwandten. Ermutigend war jedoch die Beobachtung, daß selbst feindselig eingestellte Kinder schon bald den Unterschied zwischen einem solchen »Kontrolleingriff strikt auf der Ebene des Verhaltens« und einer echten Strafe oder Zurückweisung durch uns erkannten.

(2) Auswirkung auf andere Kinder und die Gruppe

Der Hinauswurf eines Kindes kann einen schweren Eingriff in den Gruppenprozeß darstellen. Ein einfaches Beispiel: Man kann beim Fußballspiel nicht den Torwart hinauswerfen, wenn man keinen Ersatzmann hat, denn sonst frustriert man die gesamte Gruppe. Oder komplizierter: Der Hinauswurf eines Kindes pflegt oft zu einer »Solidaritätskundgebung« der übrigen zu führen oder bei einigen anderen Kindern »Furcht vor Liebesverlust« auszulösen, selbst wenn das betroffene Kind den Hinauswurf gelassen hinnimmt. In solchen Fällen liegt natürlich eine Kontraindikation vor. Eine Häufung unangebrachter Hinauswürfe aus der Gruppe übt einen schlechten Einfluß auf den »Charakter« der Gruppe aus. Wenn sie beobachtet, wie Joe hinausgeworfen wird – was *er* vielleicht versteht, während *sie* es als »Bestrafung« interpretiert – hat sie vielleicht das Gefühl, daß nun das »Schwarze Schaf« draußen sei; auf dieser Grundlage können eine übertriebene Identifizierung mit dem Erwachsenen aus Angst und eine zusätzliche Unterwerfung unter Regeln entstehen, aber um den Preis eines verminderten Toleranzspielraums aller Gruppenmitglieder. Das wäre natürlich sehr betrüblich und bedeutet, daß wir ein Kind nicht hinauswerfen können – selbst dann nicht, wenn es darauf positiv reagieren würde –, solange wir nicht sicher sind, daß wir auch der ganzen Gruppe zu erläutern vermögen, was in einem solchen Fall »wirklich« vorgeht.

(3) Berücksichtigung der Wirkungen auf die Status-Konstellation

Das Herausnehmen eines Kindes aus einer Gruppenaktivität kann auch seinen Status und seine Rolle innerhalb der Gruppe beeinflussen. Dies muß ebenso sorgsam überlegt werden wie andere Faktoren. Zwei entgegengesetzte Wirkungen sind möglich. Unter bestimmten Bedingungen kann die Entfernung aus der Gruppe einen »Gesichtsverlust« bedeuten und das Kind zum Sündenbock stempeln oder zumindest sein Prestige für das künftige Zusammenleben herabsetzen. Andererseits kann die Entfernung aus der Gruppe auch den Status wesentlich anheben, insbesondere im Fall eines Kindes, das es geschickt versteht, solche Situationen zum eigenen Vorteil auszunutzen. Ein solches Kind kann dann den Heiligenschein eines »Helden in subversiver Sache« erwerben. Keine dieser beiden Wirkungen ist wünschenswert, und jede von ihnen wäre Anlaß genug, sich nach einem anderen Weg umzusehen.

(4) Notwendigkeit vollkommener Antisepsis

Eine der strengsten Einschränkungen – und häufig Kontraindikationen – gegen die Technik des »Antiseptischen Hinauswurfs« liegt in der Frage: Können wir sie richtig handhaben, sind wir imstande, sie antiseptisch auszuführen? Es handelt sich nämlich keineswegs um ein einfaches Mittel, sondern um eines der kompliziertesten Manöver überhaupt. Daher im folgenden die *Bedingungen*, ohne die wir überhaupt nicht in der Lage sind, diese Technik anzuwenden:

(a) Nachfolgende Strukturierung des Programms und der Kontrolle

Es genügt nicht, ein Kind aus einer Situation herauszunehmen, die es nicht bewältigen kann. Man muß sich auch fragen: Was wird das Kind nun tun? Man kann ein Kind nicht aus dem Zimmer schikken, wenn man weiß, daß es dann weglaufen wird oder einen guten Vorwand hat, die Zimmer anderer Kinder zu verwüsten, oder daß es sich, von Ängsten geplagt, in eine dunkle Ecke kauern wird. Wir müssen wissen, welche Art von Situation oder Tätigkeit ein Kind braucht, um über die unmittelbare Nachwirkung des Hinauswurfs hinwegzukommen, oder womit es sich beschäftigen sollte, falls der Hinauswurf von ihm vielleicht gar nicht als solcher wahrgenommen wurde, so daß das Entfernen gar nicht das Problem ist.

In unserem Fall bedeutet das: Irgendein Erwachsener muß bei ihm sein, im günstigsten Fall derjenige, der sich am besten mit ihm versteht. Ein Ort muß gewählt werden, an dem die vorherige Überstimulation nicht stattfindet und der entweder beruhigend wirkt oder eine Ersatztätigkeit anbietet. Diese muß so beschaffen sein, daß sie dem augenblicklichen Geistes- und Gemütszustand des Kindes entspricht, ohne von der übrigen Gruppe zu diesem Zeitpunkt als heimliches Privileg empfunden zu werden. Ist das Kind erregt, werden wir vielleicht bei ihm bleiben müssen, bis in ihm das Kontrollsystem wiederhergestellt ist, das als sein »normales Ich« zu betrachten ist. Falls dem Problem eine erregende Szene vorangegangen ist, sollte der Ort, an dem sich das Kind beruhigen kann, abgeschirmt werden gegen jegliche Störung und jedes Geräusch von dem Geschehen, aus dem es herausgenommen wurde. Der Ort darf andererseits natürlich auch nicht negativ in bezug auf den Status besetzt sein.

Wir können hier nicht all die zahllosen besonderen Berücksichtigungen aufführen. Fassen wir zusammen: Wenn wir nicht genau wissen, was wir mit dem Kind tun können und wer es tun wird, scheidet der »Hinauswurf«, und sei er noch so angezeigt, als Technik aus. Wir brauchen wohl kaum den hiermit verbundenen Personalbedarf zu betonen. Es ist klar, daß der Gruppenleiter seine Verpflichtungen gegenüber der restlichen Gruppe nicht im Stich lassen darf und daß auf der ganzen Linie umfangreiche Sicherheitsvorkehrungen zu treffen sind. Das Herausnehmen aus der Situation ist möglicherweise nur in einem reichlich mit Personal ausgestatteten Therapie-Heim möglich. Übrigens muß derjenige, der bei der Gruppe bleibt, ebenfalls wissen, daß er die eventuellen Auswirkungen, die die Entfernung eines Kindes auf die Gruppe hat, aufzufangen hat. Das kann eine Gruppendiskussion oder individuelle Gespräche, eine Umstrukturierung des Programms und eine Vielzahl anderer Maßnahmen erforderlich machen.

(b) Handhabung nachträglich auftretender Affekte

Die Tatsache des Hinauswurfs selbst ist es oft, die ein Kind ohne besondere Hilfe nicht verkraftet. Je nach Fallkonstellation und Behandlungsstadium wird man häufig eine reiche Vielfalt von Methoden und Techniken in Betracht ziehen müssen. Manchmal wird es notwendig sein, den Lieblingserzieher des betreffenden Kindes von anderen Pflichten zu befreien, damit er bei ihm sein kann. Er wird dann sorgfältig abwägen, auf welche Weise sich sowohl die Erregung besänftigen als auch dem Kind der Realitätsgehalt der Situation »interpretiert« werden kann.[22] Viel Sorgfalt erfordert auch die Zeitplanung, was die Dauer des Getrenntseins von der Gruppe und der Zeitpunkt der Wiedereinführung in sie betrifft. Auf diesem Gebiet haben wir viel Lehrgeld für Fehler bezahlen müssen, wenn der Zeitpunkt zu früh oder zu spät gewählt war. In anderen Fällen ist es sehr wichtig, daß sich nicht ein Erzieher, sondern ein Repräsentant der der einzelnen Gruppe übergeordneten Institution mit dem Kind abgibt.

Für unsere Strategie war es beispielsweise oft sehr wesentlich, daß der Direktor des Heims einen heimlichen Wink bekam und das Entfernen des Kindes selbst besorgte, scheinbar ohne Mitwirkung des derzeitigen Betreuers dieses Kindes. Er konnte dann versuchen, die Aufregung des Kindes oder gar einen unvermeidbaren Wutausbruch durch lange, intensive Gespräche in seinem Büro abzufangen. Ein andermal verlangte die Strategie, daß der Erzieher alles auf die Spitze trieb, indem er einem bestimmten Kind erklärte, er müsse jetzt jemand anders um Rat und Hilfe bitten, da er sich offenbar nicht verständlich machen könne. Manchmal wandten wir auch eine Art »freischwebende Methode unmerklichen Aufgreifens« an oder gar den »Selbst-Hinauswurf« mit etwas Ermutigung. Die Hausmutter (oder ein anderer Mitarbeiter) bekam einen Wink, sich in der Nähe aufzuhalten, um ein Kind, das sich dem kritischen Punkt näherte, anderweitig zu beschäftigen, es beispielsweise in ihrem Haushaltsbereich um Hilfe zu bitten oder sonst irgend etwas mit ihm zu tun. Nach vielen Versuchen stellte es sich als richtiger heraus, die Hausmutter gelegentlich aus dem unmittelbaren Aktivitätsprogramm herauszunehmen und sie beim »Selbst-Hinauswurf« einzusetzen. Nachdem die Kinder von der Schule nach Hause gekommen waren und sich mit irgendeinem Programm beschäftigten, von dem wir wußten, daß es für manchen von ihnen eine zu große Anspannung bedeutete, hielt sich die Hausmutter in ihrem Zimmer auf und beschäftigte sich mit Briefeschreiben, Nähen und so weiter. Die Kinder wußten dann, daß sie jederzeit von ihrer augenblicklichen Beschäftigung, wenn sie zu bedrohlich wurde, ablassen und die Hausmutter aufsuchen konnten, ohne ihr Gesicht zu verlieren. Dort kamen sie in allen Stadien und Stimmungen an. Manche verhielten sich, als hätten sie sich selbst eine »Überweisung« verordnet: Wenn sie sich einem Wutanfall oder einem Zusammenbruch näherten, gingen sie einfach zur Hausmutter, um eine Weile mit ihr zu plaudern oder in ihren Schubladen herumzukramen. Sobald sie sich dazu imstande fühlten, kehrten sie spontan zur Gruppe zurück. Andere hatten in der Gruppe einen Wutausbruch, aber bevor sie hinausgeworfen wurden, gingen sie von selbst zur Hausmutter, um sich in bitteren Klagen gegen den Erzieher, die Direktoren oder die Hausregeln Luft zu machen. Manchmal wurde ein Kind tatsächlich vom Gruppenspiel ausgeschlossen und der Hausmutter zur Betreuung übergeben, nicht seinem Erzieher oder dem Direktor. Kurz zusammengefaßt: Die Frage, wie man das Beste aus einem Hinauswurf machen kann, ist therapeutisch von außerordentlicher Bedeutung. Man sollte diese Technik des Eingreifens wirklich nur unter Beachtung aller Vorsichtsmaßregeln verwenden.

(c) Einfluß der Gesamtatmosphäre im therapeutischen Heim

Die wichtigste Grundvoraussetzung für die Anwendung des Hinauswurfs ist jedoch die gesamte Atmosphäre im Heim, die auf einem unbedingten Akzeptiertsein seitens der Erwachsenen beruhen muß. Alles in allem ist der Ausschluß eines Kindes von einer bestimmten Beschäftigung natürlich ein schwerer Eingriff in sein Leben und wird auch als solcher empfunden. Nur wenn sein übriger Lebensraum angefüllt ist mit Zuneigung, Verständnis und Akzeptiertsein, kann das Kind lernen, die augenblickliche Frustration und Aggression in der allgemeinen Atmosphäre aufgehen zu lassen. Das heißt: um sich eine Technik wie den »Hinauswurf« als wirkungsvolles Mittel zur Unterbindung unerwünschter Verhaltensweisen leisten zu können, muß im Heim erst einmal eine echte »therapeutische Atmosphäre« aufgebaut werden[23]. Ohne diesen Rahmen wird jeder Fall von »Hinauswurf« unweigerlich zu einer neuen Quelle von Aggression, Haß, Feindseligkeit und zum Beweis für den ablehnenden Charakter der Umwelt.

Bei all diesen Einschränkungen können wir doch mit Sicherheit sagen, daß, strategisch richtig geplant und gut durchgeführt, das Herausnehmen eines Kindes aus einer allzu verwirrenden problematischen Situation ein zweckmäßiges – wie auch therapeutisch sauberes – Mittel ist. Unter diesen Umständen wird die persönliche Beziehung nicht gestört. Der Hinauswurf kann zu einem der wertvollsten Hilfsmittel bei der »Realitäts-Interpretation« werden.

Im Ferienlager und im *Pioneer House* haben wir diese Technik oft angewandt. Wir legten schon bald unsere therapeutischen Bedenken ab, lernten aber auch die Schwierigkeiten genauer kennen. Manchmal wandten wir die Methode einfach deswegen an, weil uns von vornherein schlimme Fehler unterlaufen waren und wir sie brauchten, um noch schlimmere zu verhüten. Manchmal verwendeten wir die Methode auch mit viel Vorbedacht als ein Mittel zur langfristigen Stützung des Ichs. Manchmal, so glauben wir, wären wir mit den Kindern, die so sehr hassen, gar nicht zurechtgekommen, wenn wir nicht gewußt hätten, daß uns dieses Hilfmittel zur Verfügung stand, immer vorausgesetzt, daß wir genau wußten, was wir taten. Nun einige Beispiele dafür, wie wir den Einsatz dieser Interventionstechnik planten und welche Not wir damit hatten.

Im Schlafraum von Henry, Andy und Joe gab es heute abend erhebliche Schwierigkeiten. Joe zeigte sich gegenüber der Erzieherin recht angriffslustig, nannte sie »Arschgesicht« und öffnete sein Fenster, um auf das Verandadach hinauszusteigen, obgleich es draußen eiskalt war. Andy wurde durch Joes Verhalten in höchste Erregung versetzt, grölte immer wieder »Arschgesicht, hö-hö!« und entblößte sich. Henry nutzte die Lage geschickt aus und hielt die Dinge dadurch in Gang, daß er die anderen immer wieder anstachelte, wenn es eine Pause gab. Ich betrat mehrmals das Zimmer, um die Jungen zu beruhigen. Aber sobald die Erzieherin wieder zu lesen begann, rief entweder Joe »Arschgesicht« und näherte sich wieder dem Fenster, oder Andy griff dieses Thema in seiner unbeherrschten erotischen Art auf, oder Henry veranlaßte auf geschickte Weise, wenn gar nichts geschah, den einen oder anderen zur Fortsetzung ihres Tuns. Dazu genügten kleine Signale, wie zum Beispiel Schnauben oder Lachen in unpassenden Augenblicken. Ich blieb schließlich im Zimmer und setzte mich zu den Jungen, während die Erzieherin vorzulesen versuchte. Ich hätte jederzeit mit dem Abbrechen des Vorlesens drohen können, aber zu diesem Mittel wollte ich, wenn es nicht unbedingt notwendig war, nicht greifen, weil sie mein Verbot in einer Art Verfolgungswahn mißbraucht hätten: »Ihr Miststücke laßt uns nie eine Geschichte hören, deshalb sind wir auch nicht still« – und so weiter ... Meine bloße Anwesenheit beruhigte sie hinreichend bis zum Ende der Geschichte, aber kaum war die Erzieherin gegangen, da wurden sie schon wieder unruhig. Also blieb ich im Zimmer. Für eine Weile kam weder von Henry noch von Joe ein offener Angriff. Schließlich konnte sich Andy nicht länger beherrschen und begann wieder mit »Arschgesicht«. Diesmal war Joe der Verführte. Er sprang aus dem Bett, lief wie wild im Zimmer umher und tauchte schließlich unters Bett, von wo ich ihn hervorholen mußte. Andy war inzwischen wieder so sehr erregt, daß ich beschloß, ihn aus dem Zimmer zu nehmen. Er hatte die »Ansteckungs-Kette« durch seinen Ausbruch erneut in Gang gesetzt und hielt sie aufrecht. Ich glaubte, daß sich die beiden anderen ohne ihn beruhigen würden. Also nahm ich ihn mit mir nach unten ins Wohnzimmer. Aber als ich auf ihn zuging und sagte: »Gehen wir«, begann er zu kreischen, das sei ungerecht. Er nannte mich »Hurensohn« und »Schweinehund.« Ich reagierte nicht darauf. Stattdessen bat ich ihn dringend, sich zu beruhigen, damit er wieder zu Bett gehen könne. Kaum waren wir auf der Treppe, hörte er zu schreien auf und sagte: »Laß los, ich kann auch allein gehen.« Ich hielt ihn nur noch locker an der Hand. Als wir das Wohnzimmer erreichten, setzte er sich still neben mich aufs Sofa und unternahm keinen Versuch wegzulaufen. Nach etwa fünfundzwanzig Minuten wurde er müde. Ich fragte ihn, ob er glaube, er habe sich in der Hand, wenn er jetzt nach oben gehe. Er antwortete: »Okay«. Ich begleitete ihn zu seinem Bett. Die beiden anderen waren inzwischen so gut wie eingeschlafen, und auch Andy schlief gleich darauf ein. (Eintragung vom 1. 12. 47, Fritz Redl)

Heute abend beim Essen befand sich der größte Teil der Gruppe in einer wilden hypnomanischen Verfassung. Danny war im Begriff, bei Tisch in einen seiner euphorisch-aggressiven Ausbrüche zu verfallen, wobei er, je mehr er ißt, um so mehr zerschlägt. Auch Larry war aggressiv und erregt. Er plapperte wie ein Baby, schmierte mit dem Essen herum und kicherte hemmungslos. Joe und Sam wurden obszön. Sie ärgerten ihre Nachbarn (Andy und Harry), kritisierten das Essen und schimpften auf Hausmutter und Köchin. Andy war wild an allem beteiligt und sprang umher, warf mit Essen und ahmte ununterbrochen Joe und Sam nach. Henry blieb von allen am kühlsten und genoß das Ausagieren der anderen wie eine Privatvorführung nur für ihn allein. Zumindest für Sam, Joe und Andy hatte es diesen Charakter teilweise auch, denn Henry ist der unbestrittene Anführer der Gruppe. Er gab seiner Freude und Zustimmung durch beifällige und ermunternde Bemerkungen Ausdruck. Er ermunterte sie sogar offen zur Fortsetzung ihrer Possen und fiel selber ein, wenn es für ihn ungefährlich war, d. h. wenn niemand ihm vorwerfen konnte, er habe angefangen. Als sie beispielsweise die Köchin als »Drecksau« bezeichneten, weil keine Chili-Sauce auf dem Tisch stand, überlegte Henry eine Weile und sagte: »Ja, sie ist eine verdammte Drecksau, bei uns zu Hause gab's zweimal in der Woche Chili.« Als Andy einmal nichts mehr zum Werfen fand, drückte Henry ihm eine Möhre in die Hand. Schließlich schlug ich energisch auf den Tisch und erklärte, das Essen werde vorübergehend unterbrochen, wenn sie nicht sofort Ruhe gäben. Die Wirkung dieser Warnung hielt zwei oder drei Minuten vor, dann platzte Henry wiehernd heraus und sagte sein Lieblingswort, das seltsam unanstößig, aber für die anderen sehr erregend war: »Potzblitz«. Ein solcher Ausdruck konnte offensichtlich weder im *Pioneer House* noch an einer anderen Stelle als obszön getadelt werden. Aber an diesem Abend genügte es. Gestützt auf Henrys hohes Ansehen bei den anderen und seinen deutlich gezeigten Beifall für das vorherige Verhalten der Gruppe, löste dieses eine Wort das ganze Theater von vorn aus. Gleich darauf fing auch Andy wieder an, nahm ein Stück Brot und warf es quer über den Tisch auf Larry. Der begann zu jammern und beklagte sich, nun werfe man mit Sachen nach ihm und er könne nicht essen. Auch Joe und Sam griffen wieder nach verschiedenen Eßwaren, bezeichneten sie angeekelt als »Scheiße« und warfen sie auf den Tisch. Mir wurde klar, daß Henry sehr geschickt und unauffällig die ganze Sache in Gang hielt; solange er da war, würde es mir nicht gelingen, die anderen zur Ruhe zu bringen. Dabei war das, was sie taten, natürlich weitaus ungehöriger als sein Verhalten. Deshalb beschloß ich, auf seine nächste offene Aufmunterung zu warten und ihn dann hinauszuwerfen. Die Gelegenheit kam, als er nach dem Wasserkrug griff und zu Andy herüberwinkte: »He, sieh dir das mal an, Andy!« Er stellte den Krug wieder hin. Andy griff nach dem Krug. Rasch stand ich auf, nahm Henry beim Arm, führte ihn aus dem Zimmer und sagte: »Das reicht für heute abend.« Er wehrte sich und wollte sich losreißen. Dabei fragte er: »Was hab ich denn getan, du dreckiger Schweinehund?« Darauf gab ich ihm keine Antwort. Ich führte ihn ins Büro, setzte ihn auf einen Stuhl und erklärte ihm, er solle sich beruhigen. Er war empört, beschuldigte mich, unfair zu sein, und meinte: »Die anderen schlagen Krach, und ich kriege die Schuld!« Ich machte ihm klar, daß er die Sache ja in Gang gehalten habe. Da entgegnete er: »Ich bin doch nicht schuld an dem, was die anderen tun.« Also fragte ich: »Und warum hast du Andy vorhin eine Möhre in die Hand gedrückt, he?« Darauf antwortete er: »Der verdammte Idiot brauchte damit doch nicht zu schmeißen, oder?« Ich sagte: »Hör mal, du weißt doch ganz genau, daß du alles getan hast, damit die anderen, besonders Andy, Sam und Joe, sich wie verrückt aufführten, solange du selbst nicht zu sehr mit hineingezogen wurdest. Als ich die anderen dann für einige Minuten beruhigt hatte, hast du mit deinem »Potzblitz« alles wieder neu angezettelt. Du hast den Wasserkrug hochgehoben, Andy darauf aufmerksam gemacht und wahrscheinlich gehofft, daß er mit dem Krug werfen würde. So etwas geht nicht, und wir lassen es uns natürlich nicht bieten.

Wenn die anderen von sich aus durchdrehen und verrückt spielen, ist das schlimm genug, und es paßt uns auch nicht. Aber auf keinen Fall dulden wir, daß ein einzelner das alles nur zu seinem Spaß in Gang hält.« Darauf sagte er nicht allzu viel. Er wurde verstockt und ärgerlich und fragte schließlich, was das denn für ein Saftladen sei, wo man nicht einmal zuende essen könne. Ich hielt ihm entgegen, daß auch ich nichts zu essen bekäme und statt dessen die Angelegenheit zusammen mit ihm zu klären versuchte. Dann bot ich ihm an, sein Essen im Wohnzimmer zu beenden, falls er glaube, jetzt zurechtzukommen. Er murmelte zustimmend, ging mit mir ins Wohnzimmer und beendete seine Mahlzeit in finsterem Schweigen. Aber das kannten wir bei Henry schon und wußten, daß man nur das Ende dieser Stimmung abzuwarten brauchte. Der Rest der Gruppe beendete das Essen – abgesehen von vereinzelten Ausbrüchen, die sich von selbst legten – ohne große Schwierigkeiten. (Eintragung vom 13. 12. 46, David Wineman)

14. Physisches Eingreifen[24]

»Kinder, die hassen« und die gleichzeitig schwere Ich-Störungen aufweisen, verfallen von Zeit zu Zeit unweigerlich in heftige Wutausbrüche, begleitet von einem völligen Verlust jeglicher Selbstbeherrschung. Sie schlagen, beißen, treten und werfen nach allem ringsum, sie spucken, schreien und fluchen und begleiten all dies mit zusammenhanglosen, sinnlosen Schlägen nach Menschen und nach Dingen »ohne ersichtlichen Grund«. Kurzum, ihr Gesamtorganismus legt eine so totale Destruktivität an den Tag, begleitet von einer so totalen Hemmungslosigkeit, daß man als Vergleich nur noch Wutanfälle eines Babys in der Wiege heranziehen kann. Ein solches Verhalten kann jederzeit »spontan von innen heraus« auftreten oder die Reaktion auf einen »Auslöser« in der Umgebung sein. Der »Auslöser« braucht mit dem Vorgang nur entfernt etwas zu tun zu haben. Es genügt, wenn die Kinder verängstigt, verunsichert, an ein altes Trauma erinnert oder einer der bereits beschriebenen Situationen von »Erregung, Versuchung oder gruppenpsychologischer Ansteckung« ausgesetzt werden.

Am schlimmsten daran ist jedoch, daß das Kind in solchen Augenblicken auch – vorübergehend – jede bisherige Beziehung zu den Erwachsenen seiner Umgebung verliert und daß seinem Ich plötzlich alle Kanäle der Kommunikation blockiert werden. Das macht uns machtlos. Weder die Furcht vor Folgen oder vor dem Gesetz noch Autorität oder Respekt scheinen eine Wirkung zu zeitigen. Selbst die Bande der Liebe und Freundschaft, die bereits geknüpft wurden, sind unterbrochen. Das ist dabei am schwersten zu ertragen: Der Erwachsene, der so stolz auf seinen Erfolg bei der Herstellung »guter Beziehungen« zu den »Kindern, die hassen« ist, sieht nun, daß plötzlich alles dahin ist. Der Junge schlägt nach seinem Lieblings-Betreuer, wie er nach dem verhaßtesten Polizisten schlagen würde. *Wer* nun *was* sagt, scheint keine Rolle mehr zu spielen, zumindest nicht in den extremsten Stadien.

Was das für den Praktiker bedeutet, liegt auf der Hand: Solche Fälle stellen manchmal Notsituationen dar. Wenn das an den Tag gelegte Verhalten aus irgendwelchen Gründen nicht geduldet werden kann oder wenn therapeutische Erwägungen dagegen sprechen, gibt es nur einen Weg: direktes Einschreiten durch Handeln.

Nehmen wir an, dieser Punkt sei erreicht, und wir könnten es ausnahmsweise nicht zulassen, daß ein Junge zwanzig bis fünfzig Minuten lang unkontrolliert tobt, dann können wir uns gezwungen sehen, ihn physisch festzuhalten, ihn vom Gefahrenort zu entfernen oder ihn daran zu hindern, sich selbst und anderen körperlichen Schaden zuzufügen.

Für den »fortschrittlichen Erzieher« und insbesondere den Psychotherapeuten ist das ein harter Brocken. Ihn hindern ebensoviele Schuldgefühle daran, physischen Zwang anzuwenden, wie der naive und strenge Erzieher an Verlockungen spürt, sich zu triumphierender Rache hinreißen zu lassen. Für normale Erzieher und Eltern mit normalen Kindern gibt es nur eine einzige vergleichbare Situation, nämlich die Gefahr für sehr kleine Kinder: Wir können uns gut vorstellen, wie eine noch so liebevolle und fortschrittliche Mutter losrennt, wenn ihr zweijähriges Kind hinter einer Katze herläuft und gerade im Begriff ist, unbekümmert in das Verkehrsgetümmel einer Kreuzung zu laufen. Wie nachsichtig und verständnisvoll sie auch sein mag, sie wird dem Kind Einhalt gebieten müssen, notfalls indem sie es aufhebt und ins Haus zurückträgt, obgleich es zappelt, beißt, kratzt und schreit, weil es sich dadurch frustriert fühlt, daß es ein falsch gewähltes Ziel auf einmal nicht mehr verfolgen darf.*

Der Unterschied zwischen einer vernünftigen und einer strafenden Mutter liegt nicht darin, *was* sie in einem solchen Notfall tut, sondern er wird darin deutlich, *wie* sie es tut und wie sie sich *nachher* verhält. Wir möchten in aller Deutlichkeit sagen, daß alles, was wir hier unter »physischem Eingreifen« verstehen, nichts mit »körperlicher Bestrafung« zu tun hat. Da es nicht nur bei Laien, sondern auch bei Fachleuten auf diesem Gebiet so oft Verwechslungen dieser Sachverhalte gibt, möchten wir hierzu noch ein klärendes Wort sagen. Wir sind gegen körperliche Bestrafung, gleichgültig in welcher Form und unter welchen Umständen. Selbst bei einem normalen Kind lehnen wir die Vorstellung ab, physischer Schmerz könne das Kind etwas »lehren«, der Weg zum Charakter eines Kindes führe über sein Hinterteil oder körperlicher Schmerz könne etwas lösen, indem er dem Kind Gelegenheit biete, für seine Sünden zu büßen und somit Schuldgefühle zu bereinigen. Der Sinn einer körperlichen Strafe – und sei sie noch so mild – besteht immer darin, auf diese Weise ein Kind zu »ändern«, es zu einer sozial angemesseneren Betrachtung des Lebens, der Menschen und der Normen und Werte zu veranlassen. Manchmal wird eingestanden, daß die Strafe lediglich ein Verhalten unterbinden soll, aber selbst dann, wenn dieses oberflächliche Ziel erreicht werden sollte, können wir zeigen, welchen enormen Preis in Form vergiftender Nebenwirkungen wir für eine solche Maßnahme zahlen müssen.

Nein, das alles schwebt uns nicht vor. Bei unserer ganzen Arbeit mit den »hassenden Kindern«, in unserem Club, im Lager und im *Pioneer House*, hat niemals ein Erwachsener ein Kind geschlagen, und niemals ist ein Kind zu jemandem zum Zweck einer körperlichen Bestrafung geschickt worden.

Allerdings mußten wir erst Fachleute für physisches Eingreifen werden. Der Unterschied zur körperlichen Bestrafung ist leicht zu

* Dazu ein interessanter und wichtiger Beitrag von Milton Wexler: The Structural Problem in Schizophrenia: Therapeutic Implications. In: *The International Journal of Psychoanalysis 32* (1951), S. 1–10. Hier wird mit großer Klarheit nachgewiesen, welche Bedeutung es für die Stützung des Ich hat, wenn man schizophrene Patienten vor den Auswirkungen ihrer heftigen Impulse schützt, indem man unterschiedliche Techniken des Eingreifens bis zur körperlichen Gewalt anwendet.

erkennen: Wenn man ein Kind festhält, um ihm in einer gefährlichen Situation ein Messer abzunehmen, wenn man es bei einem hysterischen Ausbruch gewaltsam in ein anderes Zimmer bringt oder es bei einem extremen Wutausbruch festhält, sind das einwandfrei »antiseptische Verhaltenssteuerungen«. Es ist nicht einmal ein Hauch von Strafe mit im Spiel. Der Erwachsene darf sich keine Gegenaggression leisten, auch kein Gramm mehr an Gegenkraft, als unbedingt erforderlich ist, um das angestrebte Ziel zu erreichen. Er muß ruhig, freundlich und liebevoll bleiben. Er wird die Hiebe, die das Kind mit Händen und Zunge gegen ihn austeilt, weder mit Gegengewalt noch mit Tadel beantworten noch sich in diesem Stadium der Unbeherrschtheit des Kindes auf irgendwelche Argumente einlassen, die aus den Wahnvorstellungen des Kindes erwachsen könnten. Er wird vielmehr auch weiterhin mit beruhigender Stimme auf das Kind einreden und dabei hauptsächlich inhaltsleere Worte verwenden, die dazu bestimmt sind, die Wogen der Erregung zu glätten. Er wird die hinausgeschrienen Anschuldigungen des Kindes ruhig beantworten: »Schon gut, mein Junge, alles ist in Ordnung, kein Grund zur Aufregung. Alles ist gut, sobald du dich wieder beruhigt hast. Du hast es gleich überstanden, reg dich nicht auf, es besteht kein Anlaß zur Beunruhigung – alles ist in Ordnung.« Einzelheiten mögen von Fall zu Fall verschieden sein. Manchmal ist ruhiges Abwarten angebracht. Aber niemals wird der Erwachsene das Kind und sein Wüten »ernst nehmen« – genau das ist die angestrebte Strategie. Er wird weder drohen noch beschuldigen, weder ermutigen noch beleidigen, weder verlocken noch bestechen. Die Einstellung, die er zu vermitteln versucht, klingt in einer Mischung aus Kinder- und Erwachsenensprache etwa so:

»Hör zu, mein Junge, das ist Quatsch. In Wirklichkeit gibt es nicht den geringsten Anlaß für dich, dich so aufzuführen. Du spinnst ganz einfach. Wir mögen dich. Du hast nichts zu befürchten, aber mit diesem Verhalten ist auch nichts zu gewinnen. Du machst uns damit nicht wütend, weil wir wissen, daß du im Augenblick nicht anders kannst. Aber wir nehmen bestimmt an, daß es sich mit der Zeit wieder legt. Wir nehmen es dir auch nicht übel. Du kannst das nicht ›wiedergutmachen‹. Du brauchst es auch nicht. Dafür ist dieses Verhalten wirklich zu verrückt. Wir wollen nur eins: Hör auf damit, werde wieder so vernünftig wie sonst, damit wir mit dir reden können. Im Augenblick siehst du nicht einmal, wer bei dir ist und was er tut. Erinnerst du dich? Dies ist weder ein Ungeheuer aus der Vergangenheit noch eine Ausgeburt deiner Phantasie. Ich bin es – jemand, der dich gern hat und der hier ist, dir zu helfen. Im Augenblick kann ich dir nur auf eine Weise helfen: Ich muß da einsetzen, wo dich dein eigenes ausgeflipptes Ich im Stich gelassen hat. Da du dein verrücktes Verhalten nicht von innen heraus blockieren kannst, übernehme ich das, bis dein Ich wieder im Dienst ist. Das ist alles. Nicht sauer oder traurig sein. Denk nicht einmal daran. Alles nur Wasser überm Deich. Bald kannst du wieder ohne diesen Blödsinn auskommen.«

Natürlich gebraucht man solche Worte nicht während eines Anfalls, aber später, wenn die Selbstbeherrschung zurückgekehrt ist, kann man dem einzelnen und der Gruppe in Gesprächen eine solche Einstellung vermitteln. Aber wir tun alles in unserer Kraft Stehende, um diese Grundhaltung vor, während und nach Anfällen als allgemeine Einstellung gegenüber den Kindern in unserer Institution klarzumachen.

Es ist erstaunlich, wie sich die Anwendung dieser Grundsätze bezahlt gemacht haben. Indem wir selbst offenkundige destruktive Absichten »nicht ernst nehmen«, ist es uns immer wieder gelungen, das Irrationale eines solchen Verhaltens dem Kind innerhalb kürzester Frist deutlich zu machen. Während des Anfalls selbst kann ohnehin nichts Sinnvolles unternommen werden, da das Ich des Kindes in solchen Augenblicken offenbar »fahnenflüchtig« ist. Also versuchen wir, strategisch[25] so geschickt wie nur möglich den Boden für unsere nachfolgenden Gespräche zu bereiten, in denen wir die Sinnlosigkeit und Irrationalität eines solchen Verhaltens deutlich machen und somit nachträglich ein Stück Realität ins Ich des Kindes »einmassieren«. Wir wollen nicht, daß sich das Kind für ein derartiges Verhalten abgelehnt oder bestraft vorkommt. Das würde lediglich seiner Pathologie neue Nahrung geben. Wir wollen, daß sich das Kind »mit dem Widerwillen eines vernünftigen Menschen von einem solchen Verhalten abwendet« und sich mit unserer Einstellung identifiziert, daß so etwas in seinem Leben keinen Platz hat. Nur auf diese Weise erlangen wir auf lange Sicht die Kooperation eines Teils seines Ich bei unserem Versuch, dem Ich dabei zu helfen, die Pathologie ganz aus der psychischen Struktur herauszuwerfen. Solange das Ich des Kindes nach dem Anfall ein solches Verhalten noch als Bestandteil seiner regulären Persönlichkeit betrachten kann, als etwas, das uns Erzieher auf die gewünschte Weise beeinflussen kann, als etwas, das wir »ernst nehmen«, hält es immer noch seine pathologische Abwehrstellung aufrecht. Die Aufgabe der »Umerziehung« des Kindes zu einer anderen Betrachtungsweise des eigenen Symptoms ist natürlich verwickelt und zeitraubend. Desgleichen die Aufgabe, dies auch bei der ganzen Gruppe zu erreichen. So etwas spielt sich nicht während der Anfälle ab, sondern in den Zeiträumen dazwischen. Wenn wir Erfolg haben wollen, muß jedoch unser Verhalten während des Anfalls einwandfrei sein, damit von uns aus nichts geschieht, was die triumphierende, selbst-bemitleidende oder paranoide Interpretation des Ereignisses durch das Kind selbst unterstützen könnte. Unser Verhalten während des Anfalls wird keineswegs von Menschenfreundlichkeit oder Sentimentalität diktiert. Es handelt sich hier schlicht und einfach um die logische Folgerung aus einem Konzept des »totalen Kriegs gegen die Pathologie des Kindes« und um eine konsistente Strategie.

Wir müssen auch zugeben, daß es für uns Erwachsene nicht leicht ist, immer konsistent zu bleiben und alles »einzustecken«, was an Haß und Aggression, an wirklich schmerzhaften Schlägen und Kratzern, an narzißtischer Pein über den Verlust der Beziehung zum »Patienten« und der Macht über ihn auf uns zukommt. Auch die natürliche Abscheu gegen Schmerz, Gegenaggression und simple Erschöpfung kommt hinzu. Wir stellen jedoch erfreut fest, daß die Mitarbeiter ausnahmslos nicht nur die strategische Bedeutung einer nicht-strafenden Einstellung während der Perioden physischen Eingreifens lernen können – manchmal ist hier fast die Geduld eines »Heiligen« erforderlich –, sondern auch eine gewisse Treffsicherheit bei der Voraussage von Zeitpunkt, Art, Intensität und Dauer solcher Anfälle bei Kindern, und ferner, daß sie ihr eigenes Verhalten während des Anfalls entsprechend einzurichten lernen können.

Ehrlich gesagt, hat es eine Weile gedauert, bis wir uns nicht mehr »schämten«, ein Kind festhalten zu müssen; bis wir endlich in vollem Umfang begriffen, welches strategisches Problem dahinterstand. Wir lernten bald, daß nur einige dieser extremen Situationen auf »Fehler« unsererseits zurückzuführen waren und sich durch eine klügere Strukturierung des Programms oder ein rascheres Erfassen der Lage hätten vermeiden lassen. Wir sahen bald ein, daß einige dieser Situationen nicht nur unvermeidbar, sondern sogar sehr heilsam waren. Wenn wir die Anfälle der Kinder in antiseptisch einwandfreier Weise durchstanden, förderten wir damit die gesamte Strategie der Behandlung enorm. Was wir dabei zu erleiden hatten, wurde mehr als wettgemacht durch die großartige Bereitung des Bodens für unsere Technik der »therapeutischen Auswertung von Alltagsereignissen«[26]. Das eigentliche Problem liegt natürlich in der Frage, wie man bei einem bestimmten Kind das Festhalten so durchführt, daß es noch antiseptisch bleibt, und wann darüber hinaus eine solche Technik des Eingreifens angezeigt bzw. kontraindiziert ist. Wir müssen es uns versagen, hier in Einzelheiten zu gehen, so faszinierend das sein mag. Es sei in diesem Zusammenhang auf den vorigen Abschnitt über »antiseptischen Hinauswurf« verwiesen.

Mit einigen Abänderungen geht es um dieselben Grundfragen. Auch bei der Anwendung physischen Eingreifens haben wir uns Kriterien vor Augen zu halten wie etwa: physische Gefahr, Aufreizung durch die gruppenpsychologischen Prozesse, unbezwingbarer Ansteckungseffekt, Möglichkeiten des Gesichtwahrens, »Einmassieren« von Grenzen. Auch hier sind die Kontraindikationen in Faktoren zu sehen wie: Störung der persönlichen Beziehung, Auswirkungen auf andere Kinder und auf die Gruppe, Berücksichtigung der Wirkungen auf die Status-Konstellation. Genau wie im vorigen Kapitel liegt die Antisepsis nicht nur darin, was wir während des Anfalls tun, sondern auch in folgenden Punkten: nachfolgendes Programm, späteres Verhalten des Erwachsenen, Gesamtklima im Therapie-Heim und so weiter.

Aus Raumgründen können wir nur auf einen einzigen dieser Punkte näher eingehen: das Problem der »therapeutischen Beziehung«. Anscheinend hegt hier insbesondere der psychoanalytisch geschulte Therapeut gewisse Skrupel. Er mag die Frage stellen: »Aber welche Auswirkungen hat das physische Eingreifen auf unser Verhältnis zu den Kindern? Eine solche Szene muß doch alles zerstören, was wir in der Zwischenzeit mühsam aufgebaut haben, und zwar endgültig.« Glücklicherweise können wir den Lesern versichern, daß dies keinesfalls stimmt. Warum das so ist, kann hier nicht näher erläutert werden. Nur einige der Gründe sollen erwähnt werden: Zunächst einmal unterscheiden sich unsere Kinder von den üblichen Mittelschicht-Neurotikern. Auch unsere therapeutische Rolle enthält andere Zutaten als bei einer strikten Psychoanalyse auf der Couch. Gerade die Möglichkeit, solche Situationen »antiseptisch« zu behandeln und nicht nur ein bestimmtes Aktivitätsprogramm und Alltagssituationen nachfolgen zu lassen, sondern auch ein spezielles Durcharbeiten in Gesprächen; das Verweben all dieser Vorgänge zu einem geschlossenen Lebensstil im Therapie-Heim, in dem selbst die Wände eine »therapeutische Atmosphäre« atmen und in dem ein jeder, vom Hausmeister über den Psychiater bis zur Köchin, den Kindern mit derselben therapeutisch wirksamen Zuneigung begegnet – das alles ermöglicht den engen Kontakt, den wir brauchen, trotz »untherapeutisch« scheinender Zwischenfälle wie solcher Ausbrüche. Die »kontaktzerstörende Wirkung« solcher Zwischenfälle ist nur dann unvermeidlich, wenn sie falsch gehandhabt werden oder in einer strafenden Atmosphäre stattfinden. Unter den bei uns gegebenen Bedingungen dauerten die Nachwirkungen solcher Situationen kaum länger als die Anfälle und der nachfolgende »Katzenjammer«. In diesem Zeitraum wäre das Ich des Kindes ohnehin nicht ansprechbar.

Noch etwas möchten wir betonen: Es ist für jedes Therapie-Heim wichtig, diese Dinge ernstzunehmen und viel Zeit und Gedanken scheinbar »oberflächlichen« Vorfällen zu widmen wie dem Festhalten eines Kindes während eines Tobsuchtsanfalls. Man sollte so etwas nicht als »unvermeidliche Vorfälle« abtun, die eigentlich nicht auf unserer therapeutischen Tagesordnung stehen. Wir betrachten jede Phase unseres Alltags, selbst die hier beschriebenen, als Herausforderung unserer Gesamtstrategie, die ebenso unsere ungeteilte Aufmerksamkeit verdient wie jeder andere Abschnitt unserer Behandlung.

Kurz vor dem »Licht aus« berieten die Erzieherin und die Jungen, welche Geschichte sie heute abend hören wollten. Mike verlangte eine neue Geschichte. Larry und die anderen Jungen im Zimmer bestanden auf der

Fortsetzung der angefangenen Geschichte. Entgegen jeder Realität bestand nun Mike zum Spaß darauf, daß die von ihm verlangte Geschichte dieselbe sei, die gestern abend dran war. Aus unerfindlichen Gründen brachte das Larry auf. Er erklärte, Mike sei ein Lügner und wolle nur allen anderen die Freude verderben. Schließlich wurde Larry so wütend, daß er Mike zum Kampf herausforderte. Das versuchte ich Larry auszureden, da es kurz vor dem »Licht aus« war und wir die eiserne Regel eingeführt haben, daß es vor dem Einschlafen keine Rauferei geben darf. Larry hatte sich jedoch in eine solche Wut hineingesteigert, daß er auf meinen Einspruch nicht hörte, sondern sich auf Mike warf und versuchte, ihn aus dem Bett zu zerren. Mir blieb nichts anderes übrig, als ihn aus dem Schlafsaal zu nehmen. Er leistete heftig Widerstand und trat, biß und kratzte. Dann wurde er vollkommen steif. Er verzerrte das Gesicht, starrte geradeaus und schrie, »weiter« würde ich ihn nicht kriegen. Wir befanden uns am oberen Ende der Treppe, die ins Erdgeschoß des Hauses führte. Dabei klammerte er sich an Fußboden und Wand fest wie eine Baumwurzel. Der von ihm selbst entfesselte Sturm der Wut schien ihn mehr und mehr selber zu ängstigen, aber er war dagegen vollkommen machtlos. Während ich ihn mit einem Arm festhielt, begann ich über sein Haar zu streichen und ihn zu beruhigen. Ich sagte ihm, er brauche sich nur für eine Weile zu beruhigen, dann könne er wieder in sein Bett zurückkehren; ich sei nicht böse auf ihn, sondern hätte ihn nur festgehalten, weil er auf Mike losgegangen sei und ich das nicht hätte zulassen können. Als schließlich die Starre und der Widerstand etwas zu weichen schienen, sagte ich: »Komm schon, du bist ganz einfach überdreht und erregt. Wir gehen in die Küche, trinken ein Glas Wasser und reden über alles, einverstanden? Was hat das für einen Sinn, den Kampf gegen mich fortzusetzen?« Um ihm zu zeigen, daß ich es mit meinem Vorschlag ernst meinte, ließ ich ihn vollkommen los. Er stand sofort auf, ging mit mir in die Küche und brummte vor sich hin: »Das laß ich mir von Mike nicht mehr gefallen. Nein, das ganz bestimmt nicht!« Gegenüber meinen weiteren Versuchen, ihn zu beruhigen, zeigte er sich sehr aufgeschlossen und ließ sich etwa zwanzig Minuten später ohne Widerstand zu Bett bringen. (Eintragung vom 3. 8. 47, David Wineman)

Beim Abendessen war die ganze Gruppe heute ausgelassen und aufgeregt. Es hagelte schmutzige Ausdrücke. Danny, der neben mir saß, wurde immer wilder, häufte immer mehr Essen auf seinen Teller, stopfte es in sich hinein und schrie dauernd Obszönitäten in den Raum. Als schließlich der Nachtisch kam, hatte er den Höhepunkt erreicht. Er ließ nicht zu, daß auch ein anderer etwas bekam, sondern raffte alles weit und breit zusammen. Ich schritt ein und sagte: »Augenblick, immer schön der Reihe nach. Warte doch, bis der Nachtisch bei dir angelangt ist.« Das war zu viel für ihn. Frustriert sprang er laut fluchend auf und geriet sofort in einen seiner Tobsuchtsanfälle; er warf mit Dingen um sich, fluchte, schlug wild nach allen Seiten und war drauf und dran, Amok zu laufen. Ich mußte ihn beim Arm nehmen und ins Büro führen. Dort brüllte er volle dreißig Minuten lang und versuchte die ganze Zeit, sich loszureißen, indem er mich biß und mir gegen das Schienbein trat, wo er mir auch eine blutende Wunde zufügte. Außerdem kann er kratzen wie ein alter Kater und verunzierte meine Handgelenke. Alles in allem ist es nicht einfach, ihn während eines solchen Anfalls eine halbe Stunde lang festzuhalten. Er schrie: »Hurensohn, Bastard, Schwanzlecker, du dreckiger Bulle, du tust mir weh, laß meinen Arm los, du Scheißkerl, ich hab gesagt, du sollst meinen Arm loslassen, du Scheißer, du dreckiger Hund. Ich will nach Hause, ihr könnt mich hier nicht festhalten, ihr Drecksäue. Alle anderen kriegen was zu essen, bloß ich nicht, Hurenbock, elender Schweinehund, ich will nach Hause, jetzt, auf der Stelle, au, du tust mir weh, laß meinen Arm los, du Schwein, ich hab gesagt, du sollst meinen Arm loslassen! Scheiß Pioneer House, ich will meine Mutter anrufen, ich will nach Hause ...« Und so weiter. Während dieses Ausbruchs hielt ich ihn ständig fest und beantwortete seine Beschimpfungen mit der Versicherung, ich würde ihn loslassen, sobald er sich beruhigt habe. »Schon gut, Danny, immer mit der Ruhe, laß uns jetzt aufhören ... Ich laß dich los, sobald du dich beruhigt hast ... Dann kannst du deine Mutter anrufen, aber vorher mußt du dich beruhigen ... Ich bin dir gar nicht böse, aber ich muß dich festhalten, bis du dich beruhigt hast .. Wenn du nicht so zerrst, tut dir der Arm auch nicht weh ... Wenn du aufgeregt bist, muß ich dich einfach festhalten ... So, jetzt reg dich nicht mehr auf ... Ist schon gut ... Beruhige dich ... Hör endlich auf damit, nach dem Schreibtisch zu treten und die Schreibmaschine herunterzuwerfen ... Siehst du, ich muß dich einfach festhalten, wenn du dich so wild aufführst ...« Nach einer halben Stunde hörte er allmählich auf, zu schreien, nach mir zu schlagen und mich zu verletzen. Ich lockerte meinen Griff. Er setzte sich auf einen Stuhl und starrte mich volle zehn Minuten lang finster an. Ich blieb einfach neben ihm sitzen. Er war auch nicht annähernd ansprechbar. Schließlich sagte er: »Ich bin wieder in Ordnung, wenn du mich rausläßt.« Ich antwortete nur: »Okay.« Dann verließen wir gemeinsam das Büro. Er fragte, ob er nun seinen Nachtisch haben könne. »Selbstverständlich«, antwortete ich. »Wahrscheinlich haben sie ihn dir aufgehoben. Wenn nicht, holen wir uns Ersatz.« (Eintragung vom 12. 12. 46, Fritz Redl)

15. Erlaubnis und »autoritatives Verbot«[27]

Es mag vielleicht erstaunen, daß diese beiden Techniken unter einer Überschrift vereint sind, wo sie doch offenbar an die entgegengesetzten Enden ein und derselben Linie gehören. »Ausdrückliche Erlaubnis« als Ermunterung zu einem bestimmten Verhalten scheint das genaue Gegenteil des »autoritativen Verbots« zu sein. Darunter verstehen wir die strenge und eindeutige Feststellung, daß ein bestimmtes Verhalten untragbar sei. Für den Praktiker, der täglich mit gestörten Kindern umzugehen hat, verdient jede der beiden Techniken zweifellos eine eigene Rubrik, und es wäre zweifellos sehr vieles dazu zu sagen. Wenn wir die Möglichkeiten dieser Techniken in der hier beabsichtigten Kurzform darstellen wollen, genügt es jedoch, beide Begriffe im selben Abschnitt abzuhandeln.

Wenn wir von »Erlaubnis« sprechen, meinen wir damit nicht die umfassendere Problematik der Großzügigkeit und ihrer therapeutischen Vorteile bzw. Grenzen. An dieser Stelle gebrauchen wir den Begriff zur Bezeichnung einer bestimmten Handlung seitens des Erwachsenen in der Absicht, an Ort und Stelle das Verhalten des Kindes zu beeinflussen. Der Gebrauch der Technik des »Erlaubens« gliedert sich in drei Kategorien:

(1) Manchmal »erlauben« wir ausdrücklich etwas, um eine bestimmte *erwünschte Verhaltensweise einzuleiten*, die durch andere Umstände blockiert sein mag, oder um sie zumindest *vom Odium der Angst*- und *Schuldgefühle zu befreien*. Diese Anwendung der Erlaubnis ist weithin bekannt. Sie kann ausdrücklich durch Worte oder auch indirekt durch die Einstellung und das allgemeine Verhalten des Erwachsenen oder durch allgemeine Regeln gegeben werden. In der Bastelstunde kann ein Kind beispielsweise zögern, mit der Arbeit an einer Spielzeugpistole anzufangen, und zwar aus Angst vor einem schlechten Ergebnis und einer nachfolgenden Kritik des Erwachsenen. Indem man zum begeisterten Experimentieren ausdrücklich ermutigt und es »erlaubt«, ohne zu große Rücksicht darauf, ob Material vergeudet wird oder nicht, regt man das Kind zum engagierten Mitmachen an und ermöglicht ihm, an seiner Betätigung ohne Schuldgefühle oder Scham gegenüber seinem perfektionistischen Drang Spaß zu haben.

(2) Daß man die Technik des »Erlaubens« auch zum gegenteiligen Zweck benutzen kann, scheint weniger bekannt zu sein. Indem wir etwas ausdrücklich »erlauben«, unterbinden wir es manchmal rascher als durch irgendeine andere Technik. Diese Wirkung be-

schränkt sich üblicherweise auf Fälle, in denen eine bestimmte Verhaltensweise des Kindes den Erwachsenen reizen, herausfordern oder prüfen oder rebellischen Trotz ausdrücken sollte. Erlaubt man eine solche Verhaltensweise ausdrücklich, verliert sie für das Kind rasch an Reiz, und sie wird unterbunden, ohne daß es zur Begleiterscheinung der frustrationsbedingten Aggression kommt, die mit einer Form des direkten Eingreifens verbunden wäre. Am Anfang konnten wir beispielsweise oft beobachten, wie die Kinder einen Gegenstand aus dem Besitz des Erwachsenen »heimlich« an sich nahmen und auf eine wütende Reaktion oder ein Verbot warteten. Statt dessen machten wir immer dann, wenn es sich einrichten ließ, klar, daß uns so etwas gar nicht störte: »Du kannst das Feuerzeug ruhig ausprobieren, nur mach' es nicht kaputt.« Dann verlor das Kind rasch das Interesse daran und stellte es wieder an seinen Platz.

(3) Die faszinierendste Anwendung der »Erlaubnis« als Kontrolltechnik jedoch liegt darin, Tätigkeiten, die wir ohnehin nur durch extreme Maßnahmen unterbinden könnten, nicht zu stoppen, sondern ihnen das »Flair des rebellischen Triumphs« zu nehmen und *sie dadurch auf einem handhabbaren Niveau zu halten.* Auf diese Weise erreicht man mit dieser Technik zwar keine absolute Unterbindung eines bestimmten Verhaltens, aber man entschärft es, nimmt ihm den negativistischen Anstrich und hält es zugleich in vertretbaren Grenzen. Dazu eine grobe Illustration: Ein Kind äußert gegenüber einem Erwachsenen gerade noch vertretbare Schimpfworte und neckt ihn in halb-aggressiver Weise. Indem man ein gewisses Maß an humorvoller Toleranz zeigt oder gar bis zu einem gewissen Punkt spielerisch darauf eingeht, nimmt man dem Vorgang den »Stachel des Triumphs«. Die Sache ebbt bald ab, ohne den Grad an Intensität erreicht zu haben, zu dem sie sich normalerweise gesteigert hätte, und ohne daß man sich mit den Nebenwirkungen strengerer Interventionsformen auseinandersetzen müßte.

Heute abend malten wir mit Fingerfarben und Wasserfarben. Bill schlenderte hin und her und versuchte unter der Hand, Andy abzulenken. Aber Andy war fasziniert von den Effekten, die er mit seinen Wasserfarben erzielte. Er ging deshalb auf Bills Verführungsversuche nicht ein. Ich äußerte gegenüber Bill, daß ich ihm gern beim Mischen der Farben behilflich sein würde und daß die anderen Jungen beim Malen viel Spaß hätten. Ob er nicht lieber mitmachen wolle? Aber er zeigte keine Lust dazu. Die Sache ging noch eine Viertelstunde lang so weiter, bis Bill mit offenen Aufforderungen herausrückte: »Komm, Andy, laß uns hinausgehen und ein paar Kirschen pflücken!« Oder: »Na, komm schon, Andy, wir können ein paar Blumen pflücken, sie der alten Frau nebenan verkaufen und uns etwas Geld verdienen.« Aber Andy blieb eisern bei seiner Beschäftigung und ignorierte Bill; dabei hatte er ein fast schon sadistisches Vergnügen daran, Bills Aufforderungen zu überhören. In seiner Verzweiflung rannte Bill im Wohnzimmer hin und her, sprang auf das Sofa und wieder herunter, kletterte auf den Kaminsims, sprang von dort aus auf einen Sessel und johlte laut dabei. Dadurch brachte er mir gegenüber genau die Aggression zum Ausdruck, die er gegenüber Andy empfand, weil dieser ihn nicht beachtete. Sein Verhalten war gegen die Hausordnungsregeln, die für das Wohnzimmer gelten, aber ich hatte das Gefühl, daß ich Bill mit einem ausdrücklichen Verbot nur einen Gefallen erwiesen hätte. Deshalb ging ich aus dem Eßzimmer, in dem wir malten, hinüber ins Wohnzimmer und sagte: »Mensch, sieh mal den Akrobaten! Du hast eine feine Beschäftigung, wie?« Für Bill kam das ziemlich unerwartet, denn er hatte wohl damit gerechnet, daß ich ihn tadeln oder gar ihm nachlaufen würde. Er spielte aber mit und rief: »He, Barbara, fang mich auf!« Dann sprang er vom Kaminsims in meine Arme. Ich hielt ihn eine Weile fest. Er strich mir in der Andeutung einer gespielten Ohrfeige mit der Hand sanft über die Wange und sagte: »He, Mami!« Dann sprang er auf den Boden, und seine Stimmung schien sich nun zu bessern. Die anderen widmeten sich immer noch hingebungsvoll ihrer Malerei. Ich tanzte eine Weile mit Bill, dann kam er auf die Idee, sich einige unserer neuen Schallplatten anzuhören. Ich ging wieder nach nebenan und malte mit den anderen. (Eintragung vom 13. 5. 47, Barbara Smith)

Heute abend machten wir etwas Neues mit der Gruppe: ein »Picknick« in meiner Wohnung. Sie waren zum erstenmal hier und lärmten aufgeregt herum, verhielten sich aber alles in allem recht vernünftig. Sie waren noch nicht ganz da, und schon schwärmten sie überallhin aus. Sie durchsuchten jede Ecke, jeden Winkel. Sie krochen in mein Bad, in die Garderobe und die Schränke. Sie mußten unbedingt mein Haarwasser und meinen Rasierapparat benutzen. Dann machten sie sich über meinen Schreibtisch her, zogen alle Schubladen heraus und fielen darüber her wie ein Schwarm verrückt gewordener Termiten. Sie eroberten meine Pfeifensammlung und trugen die einzelnen Stücke triumphierend wie Jagdtrophäen ins Wohnzimmer. Es gab keinen Gegenstand, der für sie nicht niet- und nagelfest war, den sie nicht bewegt, in die Hand genommen und berochen hätten. Ich verhielt mich neutral, weil ich einsah, daß es ein Fehler gewesen war, sie schon so bald nach Beginn unserer Behandlung einzuladen. Wenn ich jetzt versucht hätte, ihnen Einhalt zu gebieten, wäre eine ernste kollektive Aggression gegen meine Wohnung nicht zu vermeiden gewesen. Ich wollte natürlich auch nicht, daß der Besuch mit einem allgemeinen Rausschmiß endete. Seltsam war nur, daß mein verzweifelter Versuch, das zu »erlauben« oder selber gar Spaß an dem zu haben, was ohnehin vorging, eine echte einschränkende Wirkung zeitigte. Sie nahmen buchstäblich Dutzende zerbrechlicher Gegenstände in die Hand – Jade-Elefanten aus meiner Sammlung und andere wertvolle Stücke aus Glas und Porzellan. Meine Gitarre und das Akkordeon gingen durch Dutzende von Händen, ohne daß jemand absichtlichen Unfug damit getrieben hätte. Während des ganzen Abends wurde nichts zerbrochen. Und dennoch hatten dieselben Kinder während der vorangegangenen dreizehn Tage im *Pioneer House* neunzig Prozent aller Spielsachen und anderer Gegenstände zerstört. Heute bin ich davon überzeugt, daß echter Schaden entstanden wäre, wenn ich in meiner Angst versucht hätte, aufgrund früherer schlechter Erfahrungen mein Eigentum zu verschließen oder es durch offensichtliche Bemühungen zu schützen. Wenn ich eine der anderen Interventionstechniken probiert hätte, wäre der Abend mit einem disziplinären Chaos und mit zahlreichen Tobsuchtsanfällen zu Ende gegangen. Rückblickend will ich jedoch nicht behaupten, daß es besonders klug gewesen wäre, die Kinder zu einem so frühen Zeitpunkt überhaupt in meine Wohnung einzuladen. (Eintragung vom 14. 12. 46, Fritz Redl)

Es ist natürlich wichtig, hinsichtlich der Möglichkeiten und Grenzen des »Unterbindens oder Entgiftens durch Erlauben« realistisch zu bleiben. Wie die Beispiele zeigen, kann die Technik eine große Hilfe bedeuten, aber ihrer Anwendung sind natürlich auch Grenzen gesetzt. Sie darf niemals in allzu offenkundigem Gegensatz zu dem angewandt werden, was wir tatsächlich »akzeptieren« können. Ein allzu liberaler und reichlicher Gebrauch könnte von den Kindern leicht fälschlich als Großzügigkeit oder totales Gewährenlassen ausgelegt werden oder als Zeichen von Schwäche, Angst oder Desinteresse unsererseits.

Mit der Technik des »autoritativen Verbots« meinen wir genau das, was der Begriff besagt. Wir sagen schlichtweg »Nein!«, und zwar in einer Art und Weise, daß unsere Absicht vollkommen klar ist. Dieses »Nein« wird nicht aufgeweicht durch irgendwelche Erklärungen oder Argumente. Wir meinen damit: »Das muß aufhören. Wir können es nicht dulden. So ist es nun einmal, und es ist uns jetzt egal, ob du das verstehst und ob es dir in den Kram paßt. Schluß jetzt, und damit basta.« Wohlgemerkt – das *meinen* wir. Wenn wir es aussprechen würden, wäre das eine Verwässerung der Technik selbst. Natürlich ist nicht jedes von uns ausgesprochene »Nein« von dieser Art. Manches gehört in die Rubrik der Signalwirkung: Wir sagen zwar ein einfaches »Nein«, aber der ganze Situationszusammenhang ist so eindeutig, daß jeder einsieht oder kurz zuvor darüber diskutiert hat, warum ein bestimmtes Verhalten unmöglich ist. In diesem Fall dienst das kurze »Nein« nur als Signal, als Erinnerung an einen größeren Zusammenhang, der bereits durchgesprochen wurde. Bei der vorliegenden Technik gehen wir eigentlich noch einen Schritt weiter. Wir behaupten mit allem Nachdruck, daß gelegentlich das schlichte eindeutige Verbot einer Verhaltensweise, wenn man die Gründe im Augenblick ohnehin nicht erklären kann oder wenn diese die Möglichkeit des Verständnisses weit übersteigen, viel Gutes bewirken kann. Wir waren oft darüber erstaunt, wie gut das funktioniert. Selbst in Fällen, in denen ein Kind einem Erwachsenen offenen Trotz bietet, kann das unmißverständliche Ziehen einer Grenze das Kind so verblüffen und die eigenen unbewußten Bedenken so fördern, daß es tatsächlich aufhört, auch wenn wir das zunächst nicht für möglich gehalten hätten. Bei einem »Nein« gibt es natürlich auch ein wichtiges psychohygienisches Problem. Ein solches »autoritatives Verbot« muß frei sein von Feindseligkeit, Angst oder Zorn auf seiten des Erwachsenen. Es muß eingebettet sein in eine grundlegende Atmosphäre, die von Anerkennung und Toleranz geprägt ist. Es muß als Geste eindeutig eine Ausnahme und nicht die Regel darstellen.

Manchmal wird das Verbot von Veränderungen in der Gestik, der Mimik oder des Tonfalls begleitet. Gelegentlich spielt es eine große Rolle, von welchem »Status« aus dieses »Nein« verkündet wird. So haben wir festgestellt, daß zwar der Gruppenleiter, der mit den Kindern in ein aggressives Geschehen verwickelt war, diesen Vorgang nur durch einen starken Eingriff hätte beenden können, während ein unerwartet auftauchender Repräsentant der die einzelne Gruppe übergreifenden Institution, zum Beispiel der Direktor, allem dadurch Einhalt gebieten kann, daß er unmißverständlich sagt: »Nein, das geht nicht – aufhören!« Sowohl im Ferienlager als auch im Heim stellte ein bewußtes Einsetzen der hierarchischen Struktur und der Rollenverteilung bei den Interventionstechniken eines unserer wichtigsten Hilfsmittel dar. Unabhängig von allen Einzelheiten, lernten wir bald, daß wir uns manchen folgenschweren Eingriff ersparen konnten, indem wir genauer abzuschätzen lernten, wann und von wem ein solches »Nein« am wirkungsvollsten sein würde.

Folgendes waren unter anderem die Fälle, in denen diese Technik am erfolgreichsten schien:

(1) Wenn die Kinder sich schlecht benahmen, nicht weil ein übermächtiger Impuls oder ihre Pathologie der Grund war, sondern mehr aufgrund der augenblicklichen »Erregung« und wegen einer mangelnden Realitätseinsicht oder geschwächter Gefahrensignale von innen heraus. In solchen Fällen schien ein striktes »Nein« die Kinder ruckartig in den früheren Zustand der Selbstbeherrschung zurückzuversetzen, derer sie durchaus fähig gewesen wären, wenn nicht die zusätzliche erregende Stimulation hinzugekommen wäre.

(2) Wenn die Kinder gerade im Begriff waren, weiterzugehen, als sie eigentlich selbst wollten, freuten sie sich sogar über das Einhaltgebieten des Erwachsenen und verlangten geradezu danach. Unser »Nein« ersparte ihnen dann Schuldgefühle, Ängste oder Gesichtsverlust.

(3) Wenn trotz des impulsiven und pathologiebedingten Chaos wie durch ein Wunder die grundlegende Beziehung zu dem anwesenden Erwachsenen noch intakt war, so daß Signale von ihm noch sinnvoll waren und die Kinder zu unbewußter Kooperation aufriefen.

(4) Wenn das »Nein« einer Situation entsprang, deren Auswirkung an sich schon klar war (zum Beispiel die Gefahr bei wildem Verhalten in einem fahrenden Auto) und die zuvor schon oft genug besprochen worden war.

(5) Wenn das Verhalten der Kinder unterbunden werden mußte, während das Problem selbst viel zu kompliziert war, als daß es im Augenblick hätte aufgegriffen werden können, und wenn die Kinder sich dessen zumindest vage bewußt waren. Ein Beispiel dafür erlebten wir manchmal, wenn unsere Jungen in eine naive und eigentlich

harmlose sexuelle Erregung verfielen; dann warfen sie sich ausgiebig sexuell gefärbte Ausdrücke zu, oder – diesmal ohne aggressive Absicht – sie hüpften nackt umher und genossen den narzißtischen Exhibitionismus eines Kleinkindes. Äußere Umstände machten es manchmal notwendig, solches Verhalten zu unterbinden, auch wenn man den Grund nicht immer erläutern konnte. Einmal mußten wir beispielsweise verhindern, daß sich die Jungen hinter den Fenstern unseres Heims vor harmlosen Passanten entblößten, um sich an dem leichten Schock bzw. der hervorgerufenen Neugier bei den vorübergehenden Passanten zu ergötzen. Die ganze Stimmung, in der dies geschah, war relativ harmlos, aber wir glaubten, um des Verhältnisses mit der Nachbarschaft willen einschreiten zu müssen. Da wir aus therapeutischen Gründen, die dem psychoanalytisch geschulten Erzieher durchaus verständlich sind, kein schweres Geschütz auffahren wollten, hätten wir mit Argumenten kommen müssen. Aber wie soll man da mit den Jungen argumentieren und diskutieren? Jeglicher Appell an Anstand und Moral wäre in diesem Stadium vergebliche Liebesmüh gewesen. Man kann nicht an etwas appellieren, das einfach nicht da ist. Eine Drohung damit, diese Leute könnten Anstoß nehmen oder gar die Polizei verständigen, hätte nur die ohnehin schon überentwickelte Feindseligkeit gegen »diese Leute« und »die Polizei« als Vertreterin von Recht und Ordnung angefacht. Diesen Haß wollten wir nicht fördern. Das Argument, die Passanten könnten ein solches Verhalten nicht nett finden oder sich darüber ärgern, wäre Wasser auf ihre Mühlen gewesen – genau diesen Effekt wollten sie ja von Anfang an erzielen. Wir waren daher angenehm überrascht, als die Jungen aufhörten, als wir einfach sagten: »Schluß damit, das können wir nicht zulassen!« Die Eindeutigkeit unseres Interventionssignals und daneben noch das vage Gefühl, daß mehr dahintersteckte, worüber wir im Augenblick nicht sprechen wollten oder sprechen konnten, genügten, um die Vorstellung zu beenden.

Es ist natürlich klar, daß Verbote dann wirkungslos sind, wenn die Erregung ein gewisses Maß erst einmal überschritten hat, wenn eine eindeutig traumatisch bedingte Pathologie im Spiel ist oder wenn es bereits zu einem vollkommenen Verlust der Realitätsbezogenheit gekommen ist.

Als ich heute abend in die Wohnung der Hausmutter kam, traf ich auf Danny, der wütend auf Larry einschlug, während die Hausmutter vergeblich versuchte, ihn wegzuziehen – er war zu schwer. Danny schrie sie an: »Nimm die Pfoten von mir, du dreckige Hure. Ich bring den Kerl um!« Ich fragte: »Was ist denn hier los? Spielst du wieder mal verrückt, Danny?« Erst jetzt nahm er mich wahr, brach seine Attacke gegen Larry ab und knurrte: »Verdammt nochmal, Fritz, immer wenn ich mal mit Emmy unter vier Augen reden will, platzt dieses Arschloch dazwischen...« Nachdem er ungefähr eine Viertelstunde lang Gelegenheit hatte, seinen Unmut zu äußern, beruhigte er sich. Ich spielte dann im Wohnzimmer mit Larry Schach, während sich die Hausmutter in aller Ruhe mit Danny über Kleiderfragen unterhielt – genau das war anfangs seine Absicht gewesen. (Eintragung vom 14. 4. 47, Fritz Redl)

Eine Viertelstunde nach Mitternacht teilte mir die Hausmutter telefonisch mit, die Kinder rebellierten und liefen nur mit Shorts bekleidet überall herum. Sie rannten sogar auf den eiskalten, schneebedeckten Second Boulevard hinaus, füllten Eimer mit Schnee und bewarfen dann von den Fenstern aus die vorüberfahrenden Autos mit Schneebällen. Alle Mitarbeiter wurden mobilisiert, aber nichts schien zu helfen. Also zog ich mich rasch an und raste die winterliche Hamilton Avenue hinunter zum Heim. Als ich ankam, sah ich, daß sich die Jungen genau so verhielten, wie es mir am Telefon geschildert worden war. Insbesondere Joe, Andy und Danny hatten völlig »durchgedreht«. Joel, der Erzieher, hatte inzwischen Sam, mit dem er sich ausgezeichnet versteht, in eine Ecke gedrängt und redete auf ihn ein, während er ihn schützend festhielt, damit er sich nicht noch mehr in Schwierigkeiten verwickeln konnte. Emily, die Hausmutter, versuchte Larry zu beruhigen, der vor Erregung überschäumte, es aber andererseits nicht wagte, sich aktiv zu beteiligen. Er schrie nur aus Leibeskräften. Als ich meinen Wagen parkte und auf das Haus zurannte, kamen gerade Joe und Andy auf den Bürgersteig herausgesaust, um neuen Schnee zu holen. Beide riefen wie aus einem Mund: »Oh, oh, da kommt Fritz!« Dann liefen sie eilig ins Haus, ohne jedoch zu vergessen, hinter sich den Riegel vorzuschieben. Also mußte mich Emily einlassen. Die Jungen rannten jetzt oben umher. Ich stieg die Treppe hinauf. Andy prallte im Dunkeln gegen mich, als ich eintrat. Ich packte ihn ohne Umschweife und brüllte die übrigen an: »Ich möchte, daß ihr sofort ins Bett geht.» Gottseidank funktionierte der »Zauber der Hierarchie«: Ich hörte es rascheln, alle kamen aus ihren Verstecken und gingen ins Bett. Ich schob Andy unter die Decke und blieb noch eine volle Stunde da. Abgesehen von ein paar kleinen Aufregungen in den beiden Schlafräumen, die rasch beigelegt wurden, schliefen sie ohne größere Schwierigkeiten ein. (Eintragung vom 15. 2. 47, Fritz Redl)

Pearl Bruce und ich betreuten heute gemeinsam die Gruppe, und wir versuchten nach der Schule, die Jungen für einige Spiele im Haus zu gewinnen, da es draußen eisig kalt war. Sie befanden sich jedoch in einer wilden und unkontrollierten Laune, so daß wir mit unseren Bemühungen kaum etwas erreichten. Bald begannen Andy und Joe, Pearl und mich in sexueller Art zu necken. Sie wurden richtig gemein dabei. Andy schlug wütend nach Pearl, als sie ihm scharf erklärte, sie wolle nicht, daß er sie anspringe und nach ihren Brüsten schlage. Bei einer dieser Auseinandersetzungen zwischen Pearl und Andy kam Dave (einer der Direktoren) herein. Aufgrund der wilden Stimmung bei den Jungen inspizierte er regelmäßig alle fünfzehn Minuten das Haus, wurde nun zufällig Zeuge dieser Situation und befahl Andy streng, die Finger von Pearl zu lassen. Andy ließ sofort von ihr ab und beklagte sich über Pearl und mich: »Die lassen uns Kinder doch nie etwas tun«. Dann ging er mit Dave hinunter in dessen Büro, um mit ihm zu reden. (Eintragung vom 5. 2. 47, Vera Kare)

Noch einen weiteren Punkt sollten wir betonen, um einem schweren Mißverständnis aus dem Weg zu gehen: Wir sprechen hier lediglich über einen gelegentlich anzuwendenden Trick, mit dem man die Kinder von etwas abhält, indem man es einfach verbietet, und ihnen sozusagen vorübergehend den »Boden unter den Füßen wegzieht«, ohne so drastisch eingreifen zu müssen, wie es aufgrund der ursprünglichen Situation geboten erscheint. Das hat überhaupt nichts damit zu tun, Probleme im Leben *grundsätzlich* durch »autoritative Verbote« zu lösen, anstatt den Kindern ein Verständnis dessen zu vermitteln, was vorgeht, eine anteilnehmende Einsicht in die Gründe zu schaffen, aus denen ihr Verhalten nicht toleriert werden kann, oder unmittelbar an ihre Vernunft zu appellieren. Wir würden uns einer solchen »Politik autokratischer Einschränkungen« energisch widersetzen, da wir fest an den intrinsischen Wert von gemeinsamer Planung, von Appellen an Einsicht und Wertbewußtsein, von Symptom-Toleranz und selbstverständlich einer demokratischen Gruppenführung glauben. Wir sind sogar davon überzeugt, daß eine gelegentliche Anwendung des »autoritativen Verbots« nur dann ohne Schaden für die Kinder möglich ist, wenn sich ihr übriges Leben und Erleben auf die soeben erwähnten Grundsätze aufbaut, soweit der Grad ihrer Störung das zuläßt. Wir betrachten das »autoritative Verbot« nur als eine kurze Übergangslösung und möchten es auch als solche verstanden wissen. Es muß auf jeden Fall von vielfältigen anderen Techniken begleitet werden.

16. Versprechen und Belohnungen[23]

Im großen und ganzen sind Eltern und Erzieher mit dieser Methode gut vertraut. Sie gründet sich auf die Annahme, daß Kinder unter dem Einfluß des »Lustprinzips«[29] stehen und daß man von ihnen erwarten kann, daß sie auch für den Rest ihres Lebens bis zu einem gewissen Grad unter seinem Einfluß bleiben werden, selbst wenn die Erziehung auf eine gewisse Verminderung dieses Einflusses abzielt. Nur stellt man sich vor, daß es manchmal möglich sei, ihr Verhalten dadurch zu beeinflussen, daß man »Lust« im weitesten Sinne gewährt und verspricht.

Diese Techniken können sowohl zur Auslösung wie zur Unterbindung bestimmten Verhaltens angewendet werden. Ein Kind wird vermutlich etwas tun, dessen Wert es im Augenblick nicht einsieht und was mit Mühe und Ärger verbunden ist, wenn wir mit einer besonderen Vergünstigung locken. Oder wir erwarten die Beendigung irgendeines vergnüglichen Tuns, indem wir eine Art Vertrag abschließen: Du verzichtest im Augenblick auf diesen Spaß, und dafür kannst du am Ende eine ungewöhnliche Menge Vergnügen erwarten.

Gewöhnlich erkennen Erzieher und Eltern in ernsthaften Situationen durchaus, daß diese Methode nicht ganz so einfach ist, wie sie klingt, und daß man dabei viele Fußangeln vermeiden muß. Wir wissen zum Beispiel, daß eine sehr enge Beziehung zwischen Versprechen und Belohnung besteht und daß vieles schiefgeht, wenn diese Beziehung in Unordnung gerät. Versprechen, die nicht eingehalten werden oder die über das hinausgehen, was wir nachher als Belohnung anbieten können, sind sehr gefährlich. Und Belohnungen, die in einer ungewöhnlichen Dosis an »zusätzlicher« Lust bestehen, fixieren die Kinder tendenziell auf das Lustprinzip, anstatt sie allmählich davon abzubringen; mit anderen Worten, es ist damit die Gefahr des Verziehens, des Verwöhnens und der Verweichlichung verbunden. Außerdem spielt es natürlich eine große Rolle, aus welchen Situationen Versprechen und Belohnung hervorgehen. Es ist nicht leicht, festzustellen, welchen Platz solche Techniken im Leben eines Kindes einnehmen. Nichts ist schlimmer als eine »Verkehrung der Motivation«, wo das, was ursprünglich als »beiläufiger Anreiz« für eine zusätzliche Leistung gedacht war, nun zum Hauptanziehungspunkt wird, so daß die Kinder nur noch durch Profitdenken geleitet werden und gegenüber allen realistischeren und vernünftigeren Motivationsanreizen unzugänglich werden.

Es müßte faszinierend sein, diesen Trend bis in die Einzelheiten zu verfolgen, doch das würde den Rahmen dieses Buchs sprengen. Wir halten nämlich noch eine Überraschung bereit: Ausgerechnet die Technik, die in der pädagogischen Praxis so weit verbreitet und gut bekannt zu sein scheint, ist im Umgang mit den Kindern, über die wir hier schreiben, beinahe unbrauchbar. Da die Gründe für diese Behauptung nicht nur auf unsere Kinder, sondern auch auf die Eigenart dieses erzieherischen Mittels ein Licht werfen, seien sie hier kurz angeführt.

Vorab noch eine Bemerkung: Versprechen und Belohnung sind gar nicht so einfach, wie sie klingen. Um sie überhaupt klug anwenden zu können, muß eine Vielzahl grundlegender Ich-Funktionen noch intakt sein. Mit anderen Worten: Die Anwendung von Versprechen und Belohnung mag beim normalen Kind als gelegentliches pädagogisches Hilfsmittel recht hilfreich sein, aber sie setzt voraus, daß das Ich dieses Kindes einigermaßen in Ordnung ist.

Das wird klar, wenn wir uns vor Augen führen, was in einem Fall von Versprechen und Belohnung eigentlich geschieht, und das dann mit der Liste von Ich-Störungen vergleichen, die wir in dem Buch »Children Who Hate« vorgestellt haben[30].

(1) Beziehung zur Zukunft und Fähigkeit, die Gegenwart in richtiger Beziehung zur eigenen Vergangenheit zu interpretieren

Um von einem Versprechen konstruktiven Gebrauch machen zu können, muß ein Kind natürlich in der Lage sein, das, was eine Angelegenheit in der Zukunft sein kann, zum Zweck der gegenwärtigen Impulskontrolle anzuwenden. Um auf eine Belohnung als Belohnung zu reagieren und nicht nur als »ein Stückchen Glück«, muß das Kind in der Lage sein, in einem gegebenen Erlebnis jene Faktoren herauszuarbeiten, die tatsächlich auf einer Kombination von eigenem Verdienst und Entgegenkommen des Erwachsenen beruhen.

Keine dieser Voraussetzungen ist in unserem Fall gegeben. Wir konnten bei unseren Kindern Versprechen und Belohnung nie in größerem Umfang anwenden. Hätten wir etwas versprochen, so wäre die vage Vorstellung von einer künftigen Lust ohne Einfluß auf ihre gegenwärtigen Handlungen geblieben; und hätten wir sie »belohnt«, hätten sie die Belohnung mit Freude hingenommen, aber ohne die geringste logische Kausalverknüpfung, sondern eben nur als »Glück gehabt«.

(2) Unfähigkeit, etwas zu verdienen

Versprechen sind erzieherisch sinnlos, wenn die Belohnung nicht an eine Einhaltung der Bedingungen des Versprechens geknüpft ist – daß das Kind sich die Belohnung »verdient«. Bei unseren Jungen hätte allein diese Bedingung schon ein heilloses Durcheinander bedeutet. Natürlich hätten sie jeden »Vertrag« mit uns abgeschlossen, aber aufgrund der Kurzlebigkeit ihrer Intentionen und ihrer tatsächlichen Unfähigkeit, angesichts augenblicklicher Frustrationen und Impulsschübe oder lockender Versuchungen gute Vorsätze aufrechtzuerhalten, wären sie ständig in die Situation von Vertragsbrüchigen geraten. Wenn der Augenblick für die Belohnung gekommen wäre, hätten sie nur der Tatsache gegenübergestanden, daß wir mit etwas nicht herausrückten, das vorher erwähnt worden war. Bei ihrer üblichen Unfähigkeit, den eigenen Beitrag zu ihrem Geschick realistisch einzuschätzen, wären sie wütend auf uns geworden, als hätten *wir* den Vertrag aus purer Gemeinheit gebrochen. Das bedeutet, daß unser Zusammenleben mit ihnen, ohnehin schon randvoll mit Konflikten und Verwirrungen, ungewöhnlich viele zusätzliche Gelegenheiten erhalten hätte, auf uns wütend zu werden.

(3) Heftige Rivalität und Unfähigkeit, eine ungleiche Zeiteinteilung zu akzeptieren

Versprechen und Belohnungen können in bezug auf die Zeitwahl, die Quantität und das Verdienst nicht immer identisch sein. Beginnt man erst einmal mit einem solchen System, ist es unvermeidbar, daß ein Kind manchmal etwas bekommt, wenn das andere nichts bekommt. Hätten wir ihnen beispielsweise früher die Gelegenheit geboten, mit irgendeiner Arbeit Geld zu verdienen, so hätte allein die Tatsache, daß eines der Kinder heute für die Arbeit Geld bekäme, während das andere bis morgen auf Arbeit und Belohnung warten müßte, zu einer hoffnungslosen Verwirrung, Rivalität und zu Streitigkeiten geführt. Allein schon der Anblick, wenn einer von ihnen zu einem Zeitpunkt etwas hat oder erhält, wo andere nichts bekommen, hätte Anfälle von paranoiden Wahnvorstellungen ausgelöst. Selbst in normalen Familien stellt die Ungleichheit der Belohnung je nach »Verdienst« und Alter manchmal ein großes Problem dar. In unserem Fall wäre ein Chaos daraus geworden.

(4) Fatalistische und vertrags- und profitorientierte Lebensauffassung

In einem hohen Maß betrachteten unsere Jungen das Leben ohnehin fatalistisch und vertrags- und profitorientiert. Es fiel ihnen schwer, sich vorzustellen, daß es sowohl bei den Erwachsenen als auch bei ihnen andere Gründe für eine bestimmte Verhaltensweise als den Profit geben könnte. Wenn wir zuviel von diesem Prinzip in unser gemeinsames Leben eingeführt hätten, hätte das die Möglichkeiten zur Weckung von Motivationen verringert. Bei zu vielen Vereinbarungen nach dem Motto »Wenn du dieses oder jenes tust – oder nicht tust –, bekommst du das und das« hätten wir ihre eingebildete Macht über uns nur noch gesteigert. Sie hätten nun ja nichts anderes zu tun brauchen, als sich nicht an die Bedingungen des Vertrags zu halten, und hätten dann jederzeit eine Gelegenheit gehabt, auf uns wütend zu werden wegen Nichteinhaltung unserer Zusage. Außerdem hätten sie nur ihre Forderungen immer weiter hinaufzuschrauben brauchen, um jedes »Versprechen« kümmerlich erscheinen zu lassen und dann auf uns wütend zu werden, weil wir nicht das »versprächen«, was sie absurderweise in ihren unrealistischen Anwandlungen fordern würden. Auf diesem Gebiet hatten wir auch so schon genügend Probleme. Es wäre nicht ratsam gewesen, ausgerechnet Techniken anzuwenden, die diese Problematik noch verschlimmert hätten.

(5) Vergünstigungen ohne Haken und Ösen

Der vordringlichste und wichtigste Grund dafür, weshalb wir kaum Versprechen und Belohnungen verwendeten, liegt in der *Grundkonzeption und Funktion des Therapie-Heims.* Man könnte das in dem »Bedürfnis nach Vergünstigungen ohne Haken und Ösen« zusammenfassen. Diese Kinder brauchen Zuneigung und eine volle Befriedigung ihrer Bedürfnisse, reichlich Symbole der Anerkennung und Liebe der Erwachsenen, und zwar als *Medizin,* um sich überhaupt wieder erholen zu können. Wenn man Vergünstigungen an die Bedingung knüpft, daß sie sich ordentlich verhalten, wäre das genauso, als verspräche man einem Kind Hustensaft unter der Bedingung, daß es einen ganzen Tag lang nicht hustet. Kurzum: Was sie von uns bekamen, mußten sie »ohnehin« haben, weil sie es entweder um einer notwendigen Erfahrung willen oder aus Gründen des Behandlungsprogramms brauchten oder als Versicherung unserer Liebe, die ja das Gegengewicht zu ihrer feindseligen Fehldeutung des Lebens bilden soll. Vergünstigungen um der »Belohnung« willen ließen sich nicht zu einem Zeitpunkt einführen, wo sie dafür einfach noch nicht bereit waren. Kurz, wenn sie z. B. einen Zweitagesausflug mit Übernachtung brauchten, weil wir das für eine gute »Medizin« hielten, hätten wir nicht sagen können: Ihr könnt nur auf den Ausflug gehen, wenn ihr heute brav seid. Es war eher umgekehrt. Wir hofften, daß der Ausflug ein Erlebnis darstellte, das ihnen dazu verhalf, so etwas Ähnliches wie »brave Jungen« zu werden. Und wenn sie dazu noch nicht bereit waren, hätten wir auch als Belohnung keinen Ausflug »versprechen« können, wenn wir wußten, daß eine solche Erfahrung unsere Strategie der Ich-Stützung zunichte gemacht hätte.

Wir konnten jedoch eine interessante Beobachtung machen, die mit dieser Frage in Zusammenhang steht. Wenn wir mit den Kindern tatsächlich einige Erfolge erzielt hatten, verringerte sich oft das »Bedürfnis« nach Versprechen und Belohnungen von selbst, weil sie ganz einfach eine Phase zu überspringen schienen.

Am Anfang konnten wir den Kindern beispielsweise das Mitmachen bei der Hausarbeit nicht erlauben. Die Gründe dürften inzwischen offenkundig sein: Das hätte soviel an Verwirrung und sekundären Konflikten bedeutet, daß das Ergebnis ein Chaos gewesen wäre. Natürlich wäre es leicht gewesen, sie mit Hilfe besonderer Belohnungen dazu zu überreden. Aber ein solches Vorgehen wäre therapeutisch denkbar unklug gewesen. Als sich ihr Ich so weit erholt hatte, daß sie im Haushalt kleinere Aufgaben übernehmen konnten, wie beispielsweise Essen und Geschirr aus der Küche zu holen, waren sie auch hinreichend motiviert, an einer solchen Arbeit um ihrer selbst willen Spaß zu haben. Sie waren eifrig dabei und baten darum, mitmachen zu dürfen, so daß ein Versprechen oder eine Belohnung vollkommen fehl am Platz gewesen wäre. Das Stadium, in dem der beiläufige Gebrauch von Versprechen und Belohnung im Zusammenhang mit »zusätzlichen Aufgaben« in ihr Leben hätte eingeführt werden können, wurde leider niemals erreicht, da wir unser Heim vorzeitig schließen mußten.

Zusammenfassend können wir sagen, daß bei gestörten Kindern wie den unsrigen »Versprechen und Belohnung« merkwürdigerweise keine brauchbare Technik darstellt. Im weiteren Sinn des Begriffs wurde natürlich die angenehme Freude an einem Erlebnis gelegentlich »ausgeschlachtet«, um die Notwendigkeit einer bestimmten Maßnahme abzumildern. Wir bekämpften vielleicht ihre Abneigung gegen das Bettenmachen, indem wir sie an den Spaß erinnerten, den sie gleich nachher haben würden. Oder wir versuchten, das Durcheinander während der »Planung« einer Reise oder einer Party dadurch zu überwinden, daß wir ihnen das Vergnügen des Ereignisses selbst und den Weg dorthin vor Augen hielten. Aber das ließ sich immer nur beiläufig bewerkstelligen und nicht als Bedingung, von der das Ereignis in der Zukunft abhing. Als spezifische Techniken zur Auslösung oder Unterbindung bestimmter Verhaltensweisen waren »Versprechen und Belohnung« nicht anwendbar.

17. Bestrafungen und Drohungen[31]

Das Problem der Bestrafung zählt wahrscheinlich sowohl in der pädagogischen Praxis wie auch in der pädagogischen Theorie zu den ungeklärtesten Fragen. Die in der öffentlichen Meinung herrschende Verwechslung von Bestrafung als pädagogischem Hilfsmittel und Bestrafung als schlichtem Ventil für Zorn, Grausamkeit, Haß und Rache von Erwachsenen ist erschütternd. Erstaunlich ist die Unklarheit, die selbst in Kreisen erfahrener Pädagogen über Fragen der Bestrafung herrscht. Kontroversen über Geschmacksfragen sowie das Gegeneinander philosophischer und religiöser Überzeugungen und Meinungen treten gewöhnlich an die Stelle rationalen Denkens, praktischer Überlegungen oder wirklichkeitsbezogener Durchleuchtung tatsächlicher Wirkungen von Strafen. Besonders wenig scheint man darüber zu wissen, wie man abwägen soll, welche Bestrafung wirkungsvoll war und welche Kriterien uns zur Beurteilung unsichtbarer Auswirkungen der Bestrafung – die nicht mit den sichtbaren übereinstimmen müssen – zur Verfügung stehen[32].

Leider haben Psychohygiene und Psychiatrie bisher wenig zur Klärung und zur spezifischen empirischen Erforschung dieser Frage beigetragen. Selbst diese beiden wissenschaftlichen Disziplinen haben sich auf eine allgemeine Warnung vor den greifbarsten pathologischen Auswirkungen falsch gehandhabter Bestrafung und ihres Mißbrauchs beschränkt, aber wenig zur Klärung der vielschichtigen Risiken und auch Vorteile richtig angewandter Bestrafung oder normal anwendbarer Strafpraktiken geleistet. Hinzu kommt noch, daß über diese Frage so wenig nachgedacht wurde, daß selbst erfahrene Psychohygieniker, Erzieher und Psychiater hinsichtlich der Bestrafung häufig genauso naive Ansichten und Gewohnheiten an den Tag legen, wie man sie von einem Laien in einer hitzigen Debatte zu hören bekommt. An systematischer Forschung scheint es völlig zu mangeln, insbesondere da, wo das Problem der Strafe im Zusammenhang mit der Führung von Gruppen auftaucht.

Es wäre sicher faszinierend, dieses Problem und seine Beziehung zu anderen Fragen der Disziplin und langfristiger Erziehungsprobleme im einzelnen anzupacken. Wir mußten es natürlich tun, um wenigstens einige Kriterien für die therapeutische Auswertung dieses Hilfsmittels zu gewinnen. In dem hier gesteckten Rahmen müssen wir es uns versagen, unser detailliertes Material zu dieser Frage vorzulegen, weil aus einem Kapitel ansonsten ein ganzes Buch würde. Wir beschränken uns daher auf die Aufzählung jener Punkte, die im therapeutischen Bereich die Hauptauswirkungen der Bestrafung darzustellen scheinen.

(1) Theoretische Grundlagen

Unsere grundlegende Theorie vom Mechanismus, der in einer Bestrafungssituation wirksam wird, läßt sich leicht in wenigen Zeilen zusammenfassen. Sowohl Bestrafung als auch Drohung – die beiden Begriffe hängen in derselben Weise eng miteinander zusammen wie Versprechen und Belohnung – sind offenkundige Appelle an das »Lust-Schmerz-Prinzip«. Diesmal liegt die Betonung auf »Schmerz«. An dieser Stelle verstehen wir unter »Schmerz« natürlich nicht körperliche Pein, sondern ganz einfach das Schaffen einer unangenehmen Situation – oder eine entsprechende Androhung –, in der Hoffnung, daß beim Betreffenden dann Impulse unter Kontrolle bleiben, die anders nicht »gezähmt« werden könnten. Im Grunde genommen strebt daher jegliche Bestrafung die Bereitstellung zusätzlicher aggressiver Energie zur Triebkontrolle des Individuums an. Die Bedingungen, unter denen eine solche Kontrolle wirksam wird; sind die folgenden:
(a) Die Situation der Bestrafung muß als etwas Unangenehmes empfunden werden.
(b) Frustration oder Aggression, die durch ein solches »Schmerz-Erlebnis« erzeugt werden, müssen an das Problem, um das es geht, geknüpft sein und dürfen nicht mit der die Strafe verhängenden Person in Zusammenhang gebracht werden.
(c) Die durch die Schmerzen oder das Unangenehme an der Bestrafung hervorgerufene Aggression muß nach innen abgeführt, d. h. internalisiert, und gegen jenen Teil der Persönlichkeit gerichtet werden, von dem die Schwierigkeiten ursprünglich ausgingen.
(d) Die durch die Bestrafung erzeugte Aggression muß auf solche Weise nach innen abgeführt werden, daß dadurch die in Frage stehenden Impulse wirksam kontrolliert werden und nicht Abwehr, Angst, Aggressivität oder Selbstvorwürfe und Sich-Zurückziehen ausgelöst werden.

Die psychohygienischen Probleme bei der Bestrafung betreffen die folgenden Fragen:

(a) Welche Erfahrung löst welche Form von Aggression aus?
(b) Unter welchen Voraussetzungen kann Aggression auf eine Weise erzeugt werden, daß sie nicht gegen die Außenwelt oder den Strafenden gerichtet, sondern zu einem inneren Vorgang wird?
(c) Unter welchen Bedingungen kann die kognitive Unterscheidung zwischen der Bedeutung dieses Schmerzes als Strafe und eines feindseligen Akts der Außenwelt gesichert werden?
(d) Unter welchen Bedingungen kann die erzeugte Aggression tatsächlich erfolgreich Impulsenergien zähmen, anstatt allgemeine Ängste oder Aggressivität oder andere negative Folgen auszulösen?
(e) Was wird der Betreffende mit der überschüssigen Aggression anfangen, die nicht dazu gebraucht wird, eine bestimmte Verhaltensweise unter Kontrolle zu bringen?

So könnte man beispielsweise eine bestimmte Form der Bestrafung dann als erfolgreich bezeichnen, wenn das Kind sie als unangenehm genug empfindet, um zornig zu werden, und wenn es erkennt, daß es selbst schuld an dem Problem ist, und nicht auf die Person oder die Gesellschaft böse wird, die die Bestrafung verhängt, und wenn es gleichzeitig imstande ist, die so erzeugte Aggression zur erfolgreichen Zähmung der Impulse zu verwenden und nicht zu einer allgemeinen Wut, Aggressivität, Feindseligkeit, Angst oder zu Schuldgefühlen und Trotzigkeit. Selbst wenn nach außen hin die erwünschte Wirkung erzielt wird, hat die Bestrafung versagt, wenn einer der soeben erwähnten Punkte nicht erfüllt wird.

Das bedeutet also, daß die Verhängung von Strafe die Funktionsfähigkeit einer recht komplexen kognitiven Struktur und eines Kontrollsystems beim Individuum voraussetzt, da die Bestrafung ja eine energieliefernde Unterstützung darstellen soll. Wo immer dieses System nicht zuverlässig genug funktioniert, kann Bestrafung verheerende Folgen haben. Wenn wir an die Beschaffenheit der Ich-Struktur bei den Kindern denken, mit denen wir es zu tun haben, ist leicht einzusehen, daß die Funktionsfähigkeit dieser komplexen Ich-Struktur, die eine Strafe erst zur nützlichen Erfahrung werden läßt, ganz gewiß fehlt. Wir müssen sogar feststellen, daß die meisten jener Kinder, von denen wir hier berichten, mit einem so komplexen Mechanismus, wie es die Verarbeitung einer Bestrafung darstellt, ebensowenig fertig werden wie mit anderen komplexen Situationen in ihrem Leben. Die Anwendung der Bestrafung ist daher in ihrem Fall ganz undenkbar, zumindest in den frühen Stadien der Behandlung. Man kann die Bestrafung als flankierende Maßnahme bestenfalls dann in Betracht ziehen, wenn ihre Ich-Funktionen weitgehend wiederhergestellt sind. Kurz gesagt: Bei den Kindern, mit denen wir es zu tun haben, ist Bestrafung sogar als Mittel zur Verhaltenssteuerung kontraindiziert. Man kann sie gelegentlich vorsichtig mit einsetzen, und zwar in dem Maß, in dem die Kinder ihre normalen Ich-Funktionen wiedererlangen. Bestenfalls bleibt die Strafe eine beiläufige Kontrolltechnik bzw. eine Technik, mit deren Hilfe man in späteren Stadien zusätzlich »Realität einmassieren« kann, niemals jedoch eine Technik zur Wiederherstellung der Ich-Funktionen.

(2) Beziehung zu Motivation und Zeit

Bestrafung und ihre Androhung stehen zur kindlichen *Vorstellung von Motivation und Zeit* in einer ebenso engen Beziehung wie die unter der Überschrift »Versprechen und Belohnung« beschriebenen Techniken. Damit die Strafe vom Kind richtig als erzieherische Maßnahme und nicht als bewußt feindseliger Akt der Zurückweisung und Aggression seitens des Erwachsenen empfunden wird, ist es wichtig, daß das Kind zu folgendem fähig ist:
(a) Es muß die Absicht des strafenden Erwachsenen richtig erfassen.
(b) Es muß die augenblickliche unangenehme Empfindung mit dem Beitrag in Verbindung bringen, den es selbst durch sein vorangegangenes Verhalten geleistet hat.
(c) Es muß das gegenwärtige Erlebnis der Bestrafung in eine klare Struktur bringen, um es später in einem Augenblick der Versuchung als verhindernden Faktor anwenden zu können.

Schon aus der Beschreibung ihrer Pathologie geht eindeutig hervor, daß die von uns betreuten Kinder, zumindest in den Anfangsstadien, keine dieser Bedingungen erfüllen. Sie sind weit davon entfernt, den Unbehagen zufügenden Erwachsenen als Freund wahrzunehmen; um so mehr werden sie ihm, selbst bei sehr harmonischen Beziehungen zur Erwachsenenwelt, vermutlich negativistische Motive unterschieben. Sie gehen deshalb mit einem solchen Wust an feindselig gefärbten Wahnvorstellungen an die Bestrafung heran, daß es selbst klug geplanten Akten der Bestrafung kaum gelingen würde, ihre Abwehrmauer zu durchdringen. Sie würden selbst auf eine wohlverdiente, klug und freundlich ausgeteilte Bestrafung so reagieren, als handelte es sich um den feindseligen Akt eines Gegners. Das müßte fraglos zu einer weiteren Steigerung ihrer Gegen-Feindseligkeit führen.

Außerdem reagieren unsere Kinder auf jedes unangenehme Erlebnis wie auf einen von außen kommenden Augenblicksreiz und projizieren daher jegliche Aggression, die sie daraufhin empfinden, auf diese äußere schmerzerzeugende Quelle. Sie sind nicht in der Lage, das Mißbehagen, das sie im Augenblick unter dem Einfluß der Bestrafung empfinden, mit zuvor begangenen Taten in Zusammenhang zu bringen. Wie die meisten antisozialen Delinquenten oder »Psychopathen« reagieren sie auf Bestrafung wie auf einen feindseligen Akt der Umwelt, sie unterdrücken vollkommen jeglichen Anteil, den sie selbst daran haben mögen, und betrachten die Bestrafung nur als einen Vorwand für künftige Vergeltung oder eine ausgleichende Suche nach Lust. So kehren sie die logische Kette zwischen Schuld-Verursachung, schmerzlicher Erfahrung und Reaktion auf Bestrafung ins Gegenteil um. Bestrafung ist für sie nicht das Ende einer Kausalkette, sondern ihr Beginn. Das bedeutet, daß die Bestrafung als Alibi und Entschuldigung für ihr nachfolgendes Verhalten betrachten, das in ihren Augen eine gerechtfertigte Rache für die unangenehmen Erlebnisse darstellt, denen sie durch die Schuld ihrer Umgebung ausgesetzt worden sind. Gleichzeitig ist an »Lehren für die Zukunft« aus Straf-Erlebnissen kaum etwas zu erhoffen. Das Wesen ihrer Ich-Störung, die wir bereits ausführlicher beschrieben haben[33], macht es ihnen unmöglich, aus früheren Erlebnissen derartige nützliche Lehren für ihr zukünftiges Verhalten zu ziehen. Werden sie wieder einmal einer ähnlichen Versuchung ausgesetzt, kommt die Kette erneut in Gang. Sie erinnern sich nicht einmal mehr an vergangene unangenehme Erlebnisse, oder, falls sie sich erinnern, kompensieren sie sie durch eine oder mehrere Abwehrtechniken, wie wir sie in dem Buch »Children Who Hate« im Kapitel »The Delinquent Ego and Its Techniques« beschrieben haben[34].

(3) Die Fähigkeit, Schmerz und Frustration ohne Verwirrung zu ertragen

Eine andere unabdingbare Voraussetzung für die konstruktive Wirkung eines Straf-Erlebnisses ist die *Fähigkeit, Schmerz und Frustration hinzunehmen, ohne dadurch aus der Fassung zu geraten.* Das aber berührt genau das Gebiet, auf dem unsere Kinder am stärksten gestört sind. Ihre Toleranzschwelle für Frustrationen liegt so niedrig, ihre Fähigkeit, unter dem Einfluß unangenehmer Erlebnisse vernünftig zu bleiben, ist so unterentwickelt, daß jegliches Erlebnis einer Bestrafung sie wehrlos antreffen würde. Das heißt zum Beispiel, daß der Entzug eines Privilegs auch dann, wenn er als gerecht und wohlverdient betrachtet würde, sie der untragbaren Situation größter Frustriertheit aussetzen würde; sie würden darauf in der üblichen Form mit gesteigertem Ausdruck ihrer Pathologie reagieren. Werden sie für einige Zeit der Untätigkeit ausgesetzt – zum Beispiel dann, wenn man sie strafweise aus einem Spiel herausnimmt, damit sie erkennen, daß sie es nicht verdient haben, an solchen Vergnügungen teilzunehmen –, konfrontiert man sie sofort mit dem Problem der Langeweile; es mangelt an einer Halt-gebenden Struktur, die ihre aggressive Energie binden könnte; das Ergebnis wären neue, noch gesteigerte Anfälle entweder von Angst oder von Aggression.

(4) Das Problem heftiger Rivalität

Das Problem der *Rivalität*, das wir bereits unter »Versprechen und Belohnung« als Hindernis erwähnten, spielt hier die gleiche Rolle. Allein der Anblick anderer Kinder, die fröhlich mit einem Erwachsenen spielen, während ein bestimmtes Kind strafweise davon ausgeschlossen ist, läßt in dem Kind ein solches Maß an Neid und Feindseligkeit gegenüber dem Erwachsenen und den anderen Kindern entstehen, daß ein gewaltiger Ausbruch von Trotz und Wut die unvermeidliche Folge wäre.

Kurzum, eine der unabdingbaren Voraussetzungen für die Fähigkeit, vernünftig auf eine wohlüberlegte Strafe zu reagieren, ist ein gewisses Minimum an Ich-Organisation. Sobald wir es mit Kindern zu tun haben, bei denen gerade diese Grundfunktionen gestört sind, wird eine Technik wie die Bestrafung nicht mehr anwendbar sein – weder für therapeutische noch für pädagogische Zwecke und genausowenig für die »Zähmung« eines bestimmten Verhaltenssymptoms.

(5) Besondere Kontraindikationen

Bei der Aufzählung der Gründe, aus denen das Mittel der Bestrafung bei Ich-gestörten Kindern, zumindest in den ersten Stadien der Behandlung, nicht angewandt werden kann, haben wir eine *Reihe spezieller Gründe,* die manchmal bei dem einen oder anderen Kind zu zusätzlichen Kontraindikationen werden, noch nicht einmal erwähnt. Nur der Vollständigkeit halber seien zumindest einige davon kurz aufgeführt.

Manche Kinder empfinden es als ungemütlich, schwierig oder gar frustrierend, solchen Erlebnissen ausgesetzt zu werden, die wir für sie als pädagogisch wertvoll und therapeutisch wichtig erachten. Ihr Fehlverhalten in solchen Situationen durch Ausschluß zu bestrafen, wäre undurchführbar, weil die vermeintliche Strafe gar keine wäre, sondern vielmehr eine Belohnung. Die logische Abfolge würde dadurch umgekehrt. Wir würden dem Kind gleichsam auf einem silbernen Tablett Möglichkeiten bieten, zu entfliehen, sich zurückzuziehen und zu einem ursprünglichen Mangel an Anteilnahme und Vitalität zurückzukehren. Außerdem haben manche unserer Kinder ihre eigene »delinquente« Technik entwickelt, die Feindseligkeit der Erwachsenenwelt unter Beweis zu stellen, indem sie Zwischenfälle feindseliger Auseinandersetzungen mit ihnen provozieren. Sie sind ausgesprochen geschickt darin, Erwachsene zu Eingriffen zu zwingen, die sie selbst leicht als Feindseligkeit oder Rache (fehl)interpretieren können und die dann auf dieser Grundlage eine neue Kette von Gegenaggressionen auslösen. Hier haben wir es wahrscheinlich mit der gefährlichsten Falle zu tun, in die sich ein Erzieher locken lassen kann. Wenn wir solche Techniken dadurch zementieren wollten, daß wir ihnen auch noch die Möglichkeit der Bestrafung anbieten, würden wir ihnen zusätzlich zu dem bereits vorhandenen Repertoire noch weitere Abwehrstrategien und Alibis anbieten.

Ferner weisen manche unserer Kinder schwere masochistische Züge auf oder geben sich depressiven Wahnvorstellungen hin. Sie sind nur zu geneigt, selbst unbeabsichtigte Frustration zu absichtlicher Kränkung umzudeuten und sich dann dem Gefühl hinzugeben, ausgestoßen und unterdrückt zu sein, verhaßt, ausgehungert, unerwünscht, ungeliebt und so weiter. Für solche Kinder ist die Anwendung der Bestrafung besonders untragbar, weil sie nur die ohnehin schon vorhandenen wahnhaften Phantasien verstärken.

Übrigens hat es als selbstverständlich zu gelten und sei hier nur der Vollständigkeit halber erwähnt, daß jede Form der körperlichen Bestrafung bei den Kindern, mit denen wir uns befassen, absolut ausgeschlossen ist. Ganz unabhängig von der Schwierigkeit, auf »unangenehme Erlebnisse und Schmerz« im weiteren Sinn des Wortes in einer klar strukturierten Ich-starken Weise zu reagieren, würde die Zufügung körperlichen Schmerzes die Neigung zu sehr primitiven und atavistischen Reaktionen auslösen. Selbst bei normalen Kindern löst körperliche Bestrafung eher eine Projektion nach außen als eine Wendung nach innen aus; wo die Verinnerlichung doch unter dem Druck von Angst und Schuldgefühlen zustandekommt, erzeugt sie nur den Teufelskreis einer sado-masochistischen Pathologie.

Alles in allem sieht sich der Therapeut einem merkwürdigen Problem gegenüber. Einerseits fordert das Verhalten eines Kindes eine Bestrafung förmlich heraus. Andererseits ist es so, daß man ein Kind um so weniger einer Bestrafung aussetzen darf, je mehr es sie verdient hat, weil sie nachteilige Folgen für die Ich-Störungen nach sich ziehen würde. Dieses therapeutische Argument scheint übrigens außerordentlich schwierig zu vermitteln zu sein, und zwar nicht nur für Laien, sondern auch für ausgebildete Pädagogen. Der Verzicht auf Bestrafung wird oft mit einer totalen Freizügigkeit verwechselt. Dabei wird übersehen, daß Bestrafung nur eine der siebzehn in diesem Buch angeführten Techniken der Verhaltenssteuerung ist. Hinzu kommt noch die weitverbreitete Meinung, Strafe sei ein guter »Lehrer« der Anerkennung der Realität. Diese Meinung scheint sich so festgesetzt zu haben, daß die speziellen Mechanismen einer richtigen Wahrnehmung der Bestrafung und einer angemessenen Reaktion auf sie dabei völlig verlorengehen. Selbst gut ausgebildete Pädagogen haben Schuldgefühle oder glauben ihre Aufgabe, dem Kind das Realitätsprinzip zu vermitteln, zu vernachlässigen, wenn sie auf Bestrafung verzichten – trotz der Tatsache, daß viele andere Techniken der Realitäts-Interpretation und der Grenzziehung weitaus wirkungsvoller und ihnen ebenso zugänglich sind.

Trotz alledem gibt es ein Gebiet, auf dem die Bestrafung, als Technik besonnen angewandt, für den Therapeuten hilfreich sein kann. Das trifft dann zu, wenn Bestrafung als Maßstab der Ich-Wiederherstellung im Rahmen der therapeutischen Zielsetzung gebraucht wird. Sobald ein Kind eine behutsame Bestrafung – gleichsam zur Probe – ohne all die eben beschriebenen atavistischen Reaktionen hinzunehmen vermag, bedeutet das unzweifelhaft, daß seine Ich-Funktion sowohl an Klarheit als auch an Macht gegenüber den Impulsen genesen ist. Dies war besonders eindrucksvoll im Umgang mit den *Pioneers* zu beobachten.

Auf der Suche nach einem Gebiet, auf dem wir Experimente wagen durften, bot sich nur eine einzige Wahl an: das Verhalten im Auto. Der Grund ist leicht einzusehen. Die Wahl dieses Gebiets für Experimente mit Strafandrohungen erschien uns aus mehreren Gründen klug: (a) die Eindeutigkeit der Gefahrensituation: Für Kinder, die in »Motor City«, wie Detroit auch genannt wird, leben, ist die »Realistik« von Verkehrsgefahren leichter verständlich zu machen als irgendeine andere Realität ihres Lebens; (b) der Vorteil, Frustration auf ein Werkzeug zu richten: Wenn ein Kind bei seiner Lieblingsbastelei z. B. mit einem Messer unvorsichtig umgeht, wäre es weitaus frustrierender, zu sagen: »Wenn du so unvorsichtig bist, können wir dir nicht erlauben, Holzpistolen zu basteln«, als zu sagen: »Das hier ist eine prima Pistole; wir möchten gern, daß du sie fertigmachst und Spaß damit hast. Aber wenn du mit dem Messer nicht vorsichtiger umgehst, müssen wir vielleicht einschreiten und warten, bis du besser damit umzugehen gelernt hast«. Es ist sehr wohl bekannt, daß das Vorenthalten des eigentlichen Befriedigungserlebnisses zu einer weitaus größeren Frustration führt als die Entbehrung eines einzigen Werkzeugs, das zu der Befriedigung beiträgt. Wenn wir das Verhalten im Auto als Bereich für die Vorbereitung auf Bestrafung auswählten, hatten wir einen technischen Vorteil auf unserer Seite: Im Fall einer offenen Auseinandersetzung waren wir nicht gezwungen, uns vorwerfen zu lassen, »wir wollten ihnen jeden Spaß vermiesen, wie z. B. Ausflüge machen, ins Kino fahren und so weiter«. Wir konnten uns auch weiterhin zu unserer Zustimmung zu derartigen Vergnügungen bekennen und die Bestrafung einzig auf die Wegnahme eines »Werkzeugs« konzentrieren. Das setzt übrigens voraus, daß unsere Kinder nicht sonderlich scharf aufs Autofahren waren, aber betroffen gewesen wären, wenn sie der Entzug des Transportmittels an Vergnügungen in anderen Bereichen hindern würde. Bei Kindern vom Land und weniger Auto-besessenen Jugendlichen aus Gebieten, in denen ein Auto nicht so selbstverständlich ist, wäre das natürlich etwas anderes.

Kurz gesagt: Indem wir das Verhalten im Auto als »Bestrafungsmöglichkeit« wählten, vermieden wir zwei schwierige technische Probleme. Dennoch waren immer noch zu viele andere Probleme damit verbunden, als daß diese Technik vor dem letzten Stadium der Therapie hätte angewandt werden können. Selbst zu einem Zeitpunkt, da die Jungen die Realistik solcher verkehrsbedingten Bestrafungen »verstanden« hätten, hätte es immer noch andere Elemente dabei gegeben, mit denen sie nicht zurechtgekommen wären. Die momentane Frustration, ausgelöst durch den Entzug des Transportmittels, hätte sie immer noch in chaotische Verwirrrung gestürzt. Wenn sie dann diese »Herausforderung« durch uns aufgegriffen hätten, wären uns verschiedene Hilfsmittel unseres Programms versagt gewesen, auf die wir aus therapeutischen Gründen nicht verzichten konnten. Da das Auto außerdem nicht nur für Ausflugsfahrten, sondern auch für den Schulweg gebraucht wurde, hätten die Jungen diese Gelegenheit mißbraucht und immer dann, wenn sie lieber Unfug treiben als zur Schule gehen wollten, das Stillegen des Autos provoziert. Das hätte unsere Grundsätze und Regelungen hinsichtlich des Schulbesuchs völlig über den Haufen geworfen. Außerdem hätten wir keine individuelle Differenzierung in der Bestrafung vornehmen können, wenn wir gefährdendes Verhalten im Auto mit Entzug der Beförderung überhaupt bestraft hätten. Das hätte nämlich dazu geführt, daß die ganze Gruppe wegen des provozierenden Verhaltens eines einzelnen nicht mehr hätte Auto fahren dürfen. Was das bedeutet hätte, ist leicht abzusehen. Oder man hätte individuelle Unterschiede machen müssen; aber inzwischen dürfte dem Leser klar geworden sein, was es bedeutet hätte, die »Braven« ins Kino oder zur Schule zu fahren, während die »Sünder« hätten zu Hause bleiben bzw. den Bus nehmen müssen: die Rivalität wäre unbeschreiblich geworden.

Deshalb war es für längere Zeit immer noch einfacher und therapeutisch vertretbarer, genügend Erwachsene mitzunehmen, um die Kinder, die ins Extrem zu fallen drohten, zu »dämpfen«, sie abzulenken oder zu beschäftigen (beispielsweise mit Singen), um einen größeren Krach im Auto zu verhindern, die Fahrzeiten und damit ihr Eingeschlossensein nicht zu lang werden zu lassen oder genau darauf zu achten, wer neben wem vorn oder hinten sitzen sollte. Die Androhung einer »Bestrafung« wäre in dieser Frage nicht »einfacher« gewesen, wie so viele Therapeuten und Pädagogen unter unseren Besuchern meinten, sondern weitaus komplexer und für unsere Behandlungsziele schädlicher.

In einer späteren Phase unseres Zusammenlebens mit den *Pioneers* beobachteten wir jedoch so viel Gewinn an kognitiver Klarheit und dynamischer Kraft ihres Ich und auch die Entwicklung von Merkmalen eines »Gruppen-Ich«, daß wir glaubten, es wagen zu dürfen, in diesem Zusammenhang mit Bestrafung zu experimentieren. Nach einer Woche besonders wilder und kritischer Situationen im Auto riefen wir die Kinder zu einem Gespräch zusammen:

Direktor: Die Erzieher berichten, daß ihr euch heute auf dem Nachhauseweg im Wagen besonders wild aufgeführt habt. Darüber möchte ich mit euch reden, denn das geht nun schon seit längerer Zeit so. Manchmal ist es besser, manchmal schlimmer. In den beiden letzten Wochen war's besonders arg, und das ist zu gefährlich. Ein solches Verhalten kann einen Unfall heraufbeschwören, bei dem irgendeiner von euch oder alle zusammen zu Schaden kommen könnten. Warum kann dieser Unfug nicht aufhören?

Andy: Ach, Dave, es sind doch immer Mike und Bill. Die spielen verrückt und werfen mit Sachen, dann mischen sich alle anderen ein, und der Erzieher wird sauer und hält an ...

Direktor: Und du? Ich habe gehört, daß du selbst mitgemacht hast. Wenn andere das tun, ist das dann wirklich für jemanden eine Entschuldigung, sich genauso zu verhalten?

Mike: Der verdammte Bill ist es. Der fängt immer an ...

Bill: Du bist ein verdammter Lügner, Mike. Du weißt genau, daß du heute morgen dein Butterbrot aus dem Fenster geworfen hast. Stimmt's, Andy?

Mike: Na schön, dann frag doch Danny, der hat neben mir gesessen. Hab ich das gemacht, Danny?

Direktor: Es ist immer das gleiche: Jeder gibt dem anderen die Schuld. Seht mal, wir kennen uns lange genug. Wir waren immer bereit, von euch eine Menge einzustecken. Wir waren nicht kleinlich. Ich wüßte keinen anderen Ort für euch, an dem ihr so leben könntet, ohne gehörig einen auf den Deckel zu kriegen; man würde euch den Wagen wegnehmen und ähnliches tun; aber wir wollten das nicht, weil ihr euren Spaß haben und euch wohlfühlen solltet, und das ging nicht ohne den Wagen. Wir brauchen ihn immer noch ... Aber diese wilden Spiele müssen ganz einfach aufhören. Immer, wenn wir uns zusammensetzen und herauszukriegen versuchen, *was* eigentlich dahintersteckt, erreichen wir nichts. Also müssen wir uns etwas Neues ausdenken. Wer sich im Auto nicht anständig benehmen kann, darf es eben für eine Weile nicht mehr benutzen. Wie lang, weiß ich noch nicht, aber etwas anderes fällt mir nicht ein. Wir können nicht länger zulassen, daß ihr euch gegenseitig und auch die Erwachsenen, die mit euch fahren, in Gefahr bringt. Andererseits denke ich nicht daran, den Wagen aus dem Verkehr zu ziehen, nur weil einige von euch sich nicht anständig benehmen können. Es hat keinen Sinn, alle dafür zu bestrafen ... Also hängt es jetzt von jedem einzelnen ab ... Das bedeutet: Wenn ihr euch im Auto so wild aufführt, daß es gefährlich wird, und euch nicht beruhigt, wenn der Erzieher euch darum bittet, seid ihr am darauffolgenden Tag draußen. Das gilt auch für die Schule und für andere Unternehmungen. Zur Schule fahrt ihr dann mit dem Bus. Das bedeutet: früher aufstehen, früher frühstücken und dann mit dem Bus zur Schule fahren. Wenn am Nachmittag der Wagen für eine Fahrt benutzt werden soll, bleibt derjenige, der nicht mitfahren darf, zu Hause.

Mike: Und wie kommen wir von der Schule nach Hause?

Direktor: Auch mit dem Bus.

Danny: Ich werde doch nicht auf den Wagen verzichten, nur weil irgendein Vollidiot ...

Direktor: Ich denke, ich habe das ganz klar gemacht: Der Wagen wird natürlich weiter benutzt. Niemand büßt für einen anderen. Wer wegen seines wilden Verhaltens nicht mitfahren kann, fährt eben nicht mit. Und wenn nur ein einziger von euch übrig bleibt, dann fährt eben nur dieser eine mit dem Auto. Ist das allen klar?

Nach dieser Diskussion ging es für einige Tage etwas besser, aber dann begannen Mike, Andy und Bill wieder mit ihrem riskanten Verhalten, und wir mußten die angekündigte Bestrafung in die Tat umsetzen. Der Zwischenfall ereignete sich an einem Mittwoch. Wir erklärten den dreien, daß sie für den Rest der Woche nicht mehr im Wagen mitfahren dürften. Am Donnerstag und Freitag stellten wir jemanden vom Personal ab, sie zu wecken, ihnen das Frühstück zu richten und sie zum Bus zu begleiten. Es gab Cornflakes und Milch, weil wir der ohnehin überlasteten Köchin nicht zumuten konnten, außer der Reihe zwei warme Frühstücksmahlzeiten zuzubereiten. Am Freitag besuchte die Gruppe außerdem, wie geplant, ein Automobilwerk. Die beiden Jungen, die nicht mitfahren konnten, wurden im Heim beschäftigt. Der Schulweg mit dem öffentlichen Verkehrsmittel verlief ohne Zwischenfälle. Die beiden drohten zwar, die Schule zu schwänzen, aber sie taten es nicht. Alles in allem schienen sie in der Lage zu sein, eine klar umrissene Bestrafung ohne Repressalien hinzunehmen. Nach ausführlichen Gesprächen, in denen ihnen das Unzulässige an ihrem Verhalten im Wagen noch einmal eindringlich klargemacht wurde, durften sie von Samstag an wieder mitfahren.

Natürlich hätten wir auch ein solches Experiment nie wagen können, bevor wir mit den Kindern nicht wenigstens einige Fortschritte erzielt hatten. Wenn sie dies nämlich ernsthaft als Herausforderung aufgenommen hätten, wäre dadurch unser therapeutisch so wichtiges Programm beschnitten worden, es hätte Riesenprobleme bei der Verwaltung des Heims gegeben, und sowohl in bezug auf die gegenseitige Rivalität als auch die Rollenerwartungen an die Erwachsenen wäre die alte Pathologie wieder zum Durchbruch gekommen.

Wir müssen noch ein sprachliches Mißverständnis ausräumen: Die Umgangssprache bezeichnet manchmal auch das als »Bestrafung«, was wir als »Wiedergutmachungsmaßnahmen zur Verminderung von Schuldgefühlen, Aggression und Scham« verstehen möchten. Wenn zum Beispiel ein Kind während eines Tobsuchtsanfalls die Betten der anderen in Unordnung bringt und wenn das Problem mit allen ihren Folgeerscheinungen nach sämtlichen Richtungen hin zufriedenstellend geklärt ist – zwei unabdingbare Bedingungen, die an dieses Vorgehen geknüpft werden –, dann kann es manchmal klug sein, das Kind am Aufräumen zu beteiligen. Dahinter steckt natürlich nicht die Absicht, das Kind durch Verordnung eines unangenehmen Auftrags zu kurieren, sondern es ist als eine Geste gedacht, mit der das Kind die Gunst aller anderen wiedergewinnen oder seine gewohnten Beziehungen zur Gruppe wiederaufnehmen kann. Solche »Wiedergutmachungsmaßnahmen« können, wenn sie vorsichtig angewandt werden, manchmal viel dazu beitragen, dem Kind und der Gruppe sekundäre Haß- und Rachegefühle, Aggressionen, Peinlichkeiten und Schuldgefühle zu ersparen. Man muß jedoch im Auge behalten, daß solche Maßnahmen nur da angebracht sind, wo es darum geht, Schuldgefühle zu *verringern*. Bei unseren Kindern waren wir immer schon froh, wenigstens eine Andeutung von Schuldgefühlen zu entdecken. Deshalb suchten wir gar nicht nach einer Technik, die geeignet war, diese Gefühle zu unterdrükken oder ihnen einen »leichten Ausweg« zu bieten.

Es gibt noch eine andere wohlüberlegte Anwendungsmöglichkeit der »Wiedergutmachungsmaßnahme«, die einem Laien wie »Bestrafung« erscheinen kann, die aber keineswegs eine solche darstellt. Sie soll uns nur beim »Einmassieren der Realität« helfen und ist ein »Aufruf zur Einsicht und Fairness gegenüber Normen und Werten«. Auch hierfür ist die Voraussetzung eine schon ziemlich weit gediehene Beziehung zum Erwachsenen und zur Realität, insbesondere aber eine beträchtliche Toleranz gegenüber Frustration, ohne die nur Verwirrung entstünde.

Im vierzehnten Monat der Behandlung machte Mike eine »kleptomanische« Phase durch. Er stahl aus dem Büro des Schulleiters, von Schreibtischen, aus Kleidungsstücken der Mitarbeiter und hatte auch der Hausmutter einen Dollar aus der Tasche genommen. Für frühere Zwischenfälle war er natürlich niemals in irgendeiner Form bestraft worden. Wir hatten den Eindruck, daß uns Mikes besonders gute Beziehungen zur Hausmutter Gelegenheit bot, unser ernstes Gespräch über die Vorfälle mit einer Form der »Wiedergutmachung« zu verbinden, und zwar als besondere Herausforderung für Mike, die wir uns nun leisten konnten.

Direktor: Mike, was sollten wir nach deiner Meinung wegen des Dollars unternehmen, den du Emily geklaut hast?

Mike: Weiß ich nicht.

Direktor: Glaubst du, es macht ihr weiter nichts, den Dollar einfach so herzugeben?

Mike: Nein . . .

Direktor: Erinnerst du dich daran, wie oft du schon etwas geklaut hast und wie es schließlich doch herausgekommen ist? Wir haben nie etwas unternommen, sondern dir immer nur erklärt, daß es nach unserer Ansicht nicht richtig ist, zu stehlen, und daß jemand, der stiehlt, offenbar ein Problem hat, mit dem er sich auseinandersetzen muß.

Mike: Mhm.

Direktor: Und was meinst du jetzt? Soll Emily auf den Dollar verzichten, nur weil du nicht mit dem Klauen aufhören kannst?

Mike: Ich bezahle es von meinem Taschengeld zurück. Wie lange dauert das?

Direktor: Das hängt davon ab, wieviel du bezahlen willst. Ich schlage vor, du zahlst ihr pro Woche fünfzehn Cents zurück, bis die Schuld beglichen ist, das würde genügen. Dann bleiben dir immer noch vierzig Cents, während du das Geld zurückzahlst.

Mike zahlte treu und brav seine fünfzehn Cents pro Woche an Emily. Wir richteten es so ein, daß ihm Emily »verzieh« und den Rest schenkte, nachdem er sechzig Cents so zuverlässig abbezahlt hatte, obwohl es für ihn schon ein fühlbares Opfer bedeutete, von seinen fünfundfünfzig Cents Taschengeld fünfzehn Cents abzugeben.

Es liegt auf der Hand, daß solche Maßnahmen recht riskant werden können und daß man besonders genau auf die richtige *Zeitwahl* achten muß. Früher hätten wir einen solchen Versuch noch nicht wagen dürfen. Selbst jetzt hätte das Zeitproblem eine zu häufige Anwendung dieses »Erziehungsmittels« verboten, um Fairness »einzumassieren«. Eltern und Erzieher möchten wir darauf hinweisen, wie wichtig es ist, solche Maßnahmen unter allen Umständen »psychohygienisch sauber« zu halten. Wenn auch nur eine Kleinigkeit schiefgeht, entsteht gewöhnlich ein Chaos, anstatt daß dem Kind geholfen wird.

Wenden wir uns nun den »Drohungen« zu. In der Alltagssprache wird der Begriff »Drohung« in einem sehr weitläufigen Sinn verwendet. Häufig meint man damit die »Warnung vor einer möglichen Konsequenz«. Beispiel: »Paß auf, wenn du so hart auf den Nagel schlägst, zerbrichst du das Boot, das du gerade baust.« Oder es wird damit auf das Verhalten von Erwachsenen hingewiesen und eine bevorstehende Handlung des »Wegnehmens von Gegenständen, der Umstrukturierung oder der Einschränkung« signalisiert. Wir können beispielsweise sagen: »Wenn ihr hier im Wohnzimmer den wilden Mann spielt, müssen wir vielleicht hinuntergehen und etwas anderes spielen.« Oder: »Hier oben kannst du mit dem großen Ball nicht werfen, nur mit dem kleinen. Du kennst doch unsere Regel. Wenn du damit nicht aufhören kannst, muß ich ihn verwahren, bis das Spiel losgeht.«

Solange wir den Begriff »Drohung« auf »Warnungen in bezug auf Grenzen« anwenden, die möglicherweise gezogen werden müssen, weil es die Realität und andere Gründe gebieten, kann kein Schaden angerichtet werden. Wir haben von solchen Warnungen reichlich Gebrauch gemacht. Die Techniken des schützenden Eingreifens, des Signalisierens, des direkten Appells und andere sowie die Vorbereitung der Kinder auf geplante Eingriffe erfordern solche Warnungen sogar als Teil der psychohygienischen Verhaltenssteuerung. Wir möchten jedoch nachdrücklich auf den Unterschied hinweisen, der zwischen solchen Warnungen vor Grenzen, die gesetzt werden müssen, und Drohungen besteht, die als *Vorläufer von Bestrafungen* anzusehen sind. Da wir Drohung in diesem engeren Sinn, als *Vorankündigung* einer Bestrafung, verstehen, ist klar, daß keine Drohungen ausgesprochen werden dürfen, wenn die darin angekündigten Strafen selbst kontraindiziert sind. Bei einem solchen Verständnis des Wortes dürften deshalb gegenüber den Kindern, die hassen, keine Drohungen gebraucht werden, und zwar aus dem gleichen Grund, aus dem auch Bestrafung unsere therapeutischen Gewässer verunreinigt hätten.

Wenn wir auch im *Pioneer House* aufgrund der Ich-Störungen unserer Kinder und anderer darin enthaltener therapeutischer Gefahren keine »Bestrafungen« anzuwenden wagten, heißt das nicht, daß wir nicht erhebliche Schwierigkeiten mit Verwechslungen von seiten der Kinder gehabt hätten. Ihnen unterliefen in dieser Hinsicht genauso viele Fehldeutungen wie einer entsprechenden Gruppe ungeschulter Erwachsener. Ihr eigener Glaube an die heilsame Wirkung von roher Gewalt als »Bestrafung« stellte unsere therapeutische Weisheit auf eine harte Probe. Wie alle Delinquenten machten sie natürlich reichlich und geschickt Gebrauch von der Technik der »vorwegnehmenden Provokation« und versuchten ständig, uns zu einem Verhalten zu verleiten, das sie dann triumphierend als »strafend« auslegen wollten. Doch im Rahmen des »therapeutischen Gesamtklimas« eines Therapie-Heims ist es nicht schwierig, schon bald ein grundlegendes Verständnis für das, was vorgeht, zu wecken – eine Einsicht, die man oft einsetzen kann, um das einzuzementieren, was als rein verbale Äußerung ein schwaches Argument bliebe. Nur durch unseren übergeordneten Grundsatz »Keine Bestrafungen«

war es möglich, ihnen ein »Verständnis« dafür beizubringen, daß z. B. das Festhalten eines Kindes während eines Wutanfalls keine »Bestrafung« ist, sondern lediglich eine »vorübergehende Notkontrolle von außen«, nichts anderes. Wir sind davon überzeugt, daß man sich mit Argumenten nicht gegen die raffinierte und durchaus eindrucksvolle Technik der »absichtlichen Fehlinterpretation von Verhalten der Erwachsenen« zur Wehr setzen kann. Aber innerhalb eines »Gesamtrahmens« kann man eine solche Absicht im Verlauf des Zusammenlebens entkräften.

Die Grenzen der »Interventionstechniken«: Warnungen und Vorsichtsmaßregeln

Ehrlich gesagt, kann diese Abhandlung über Techniken zur antiseptischen Steuerung von Verhalten leicht zu einer Verschiebung unserer Perspektive führen. Deshalb müssen wir sicherstellen, daß wir hinsichtlich unseres langfristig angelegten Ziels wieder den richtigen Rahmen sehen. Die folgenden »Warnungen« mögen dazu dienen, die Techniken in das richtige Verhältnis zu unserer therapeutischen Gesamtaufgabe zu stellen.

(1) Die siebzehn hier beschriebenen Techniken weisen keine so klaren Trennungen untereinander auf, wie es aufgrund der unvermeidbaren Beschränkung, wenn man sie in einem Buch beschreibt, scheinen mag. Wenn wir das Verhalten von Kindern beeinflussen wollen, benutzen wir fast immer eine Kombination mehrerer Techniken. Was wir hier vorgestellt haben, erhebt auch keinen Anspruch auf Vollständigkeit.

(2) Einige Bezeichnungen, mit denen wir die Techniken belegt haben, werden auch für »langfristige Behandlungsgrundsätze« verwendet. So ist das »absichtliche Ignorieren« dem, was wir an anderer Stelle »strategisches Nichteingreifen« genannt haben, sehr ähnlich, und die Adjektive »antiseptisch« und »psychohygienisch« werden in beiden Zusammenhängen gebraucht. Man kann beispielsweise »ein Kind festhalten«, damit es keinen Schaden anrichte. Oder man tut es aus der Überzeugung heraus, es auf diese Weise etwas über die Realitäten und Grenzen im Leben zu »lehren«. In bei-

den Fällen sehen die Situationen äußerlich gleich aus. Dennoch besteht ein himmelweiter Unterschied zwischen der kurzfristigen Unterbindung bestimmter Handlungen und der Gültigkeit einer langfristig angelegten therapeutischen Methode. Hier haben wir immer nur ohne weiteren Anspruch den »Eingriff in symptomatische Verhaltensweisen« gemeint.

(3) Wir haben nichts weiter getan, als unser Werkzeug aus der Kiste geholt, um es kurz vorzuzeigen. Dabei stellten wir einige Überlegungen über seine Eigenschaften und seine Grenzen in der Anwendbarkeit an. Das ist auch schon alles. Die dringendste Frage haben wir noch nicht einmal gestellt: Welches sind nun wirklich die Kriterien dafür, mit welcher Methode man unter bestimmten, therapeutisch klar umrissenen Bedingungen und Zielsetzungen etwas erreicht oder nicht? Unsere Ausführungen bleiben natürlich bedeutungslos, wenn solche Überlegungen und Hinweise dazu nicht angefügt werden. Bei unseren Besprechungen und Supervisionssitzungen kam gerade dieses faszinierende Problem immer wieder zur Sprache. Leider ist hier nicht der Ort, es aufzugreifen.

(4) Am meisten liegt uns daran, zwei möglichen Fehlinterpretationen unserer Ausführungen entgegenzutreten: Die Praktiker, die mit Kindergruppen arbeiten und mit ihnen ständig zusammenleben, also auch Eltern und Lehrer, mögen ein bißchen zu glücklich mit diesen Ausführungen sein. Wir wissen, wie vage die Frage nach dem Wie des Eingreifens ansonsten in der Literatur abgehandelt wird. Hier liegt nun eine Liste von detailliert beschriebenen Techniken vor. Sie kann die falsche Hoffnung wecken, sie sei eine Antwort auf alle pädagogischen und therapeutischen Probleme. Das beabsichtigt diese Liste nicht. Sie möchte nur einige Anregungen für Augenblicke geben, in denen notwendigerweise eingegriffen werden muß. Der klinische Psychologe, der Sozialarbeiter oder der Psychoanalytiker reagiert auf diese Ausführungen vielleicht schockiert; vielleicht nehmen wir einige recht »grobe« Maßnahmen ernster, als diese Fachleute es zu tun geneigt sind. Ihnen möchten wir antworten, daß es uns fernliegt, therapeutische Prozesse durch eine Trickkiste zu ersetzen. Wir sind uns auch der Notwendigkeit bewußt, vom therapeutischen Standpunkt aus immer wissen zu müssen, »was wir tun«, wenn wir in bestimmtes Verhalten einzugreifen haben. Wir wissen

auch, daß im Umgang mit Kindern, die hassen, das Eingreifen in einem »Notfall« wirklich ein heikles und zugleich ein notwendiges Problem darstellt. Nach unserer Meinung wäre eine »Arzneilehre« der antiseptischen Interventionstechniken eine bessere Lösung für Therapeuten und Erzieher als die übliche Mixtur von »therapeutischen Idealen«, die durch schwere Fehler verwässert werden, die sich ihrerseits aus »äußersten Notmaßnahmen aufgrund der harten Lebensrealität« ergeben. Wir hoffen, daß diese Ausführungen sowohl den mit Gruppen arbeitenden Erzieher als auch den Therapeuten veranlassen werden, eine systematischere Erforschung dieses Problemkreises zu fordern.

Anmerkungen des Herausgebers

1 Aus dieser Entgegensetzung von »Verhalten« und dem ihm zugrunde liegenden »seelischen Geschehen« heraus sprechen die Autoren in der Regel von *surface behavior*, also Verhalten, das lediglich »an der Oberfläche« sichtbar wird. In der Übersetzung entfällt dies Attribut.

2 »Psychohygiene« (*mental hygiene* bzw. *mental health*), ein Zweig der allgemeinen vorbeugenden Gesundheitsfürsorge, hat sich zum Ziel gesetzt, (1) die psychosoziale Gesundheit des einzelnen und ganzer Gruppen durch präventive Maßnahmen zu erhalten und zu festigen, indem krankheitsbedingende oder -fördernde Ursachen (in der Familie, in Erziehungsinstitutionen usw.) ausgeschaltet oder zumindest in ihrer Wirksamkeit abgeschwächt werden, (2) psychosoziale Krankheitsprozesse durch gezielte intensive Behandlungsmaßnahmen abzukürzen und (3) geheilte Patienten nachgehend zu betreuen. Die Psychohygiene ist eine interdisziplinär arbeitende Wissenschaft und zugleich eine multiprofessionelle gesellschaftliche Bewegung, die bereits 1908 in den USA gegründet wurde. Siehe auch Fritz Redl / William W. Wattenberg: Mental Hygiene in Teaching. New York 2. Aufl. 1959.

3 »Antisepsis« ein in der Medizin gebräuchlicher Begriff, mit dem die Hemmung bzw. Vernichtung von Wundinfektionserregern innerhalb der Wunde bezeichnet wird. In diesem Zusammenhang ist damit gemeint, daß eine Technik zur Steuerung eines bestimmten Verhaltens so angewendet werden muß, daß sie »hinsichtlich ihrer Nebenwirkungen für das grundlegende therapeutische Ziel zumindest unschädlich« ist (vgl. dazu S. 18 sowie den Abschnitt 13 in diesem Band, S. 69–82).

4 Diese beiden Forschungsprojekte führte Redl durch, nachdem er 1941 an die Wayne State University in Detroit berufen wurde. Im Rahmen einer sozialpädagogischen Clubarbeit sollte gestörten Kindern durch gruppentherapeutische Verfahren geholfen werden. Diese Projekte mündeten dann 1946 in die Gründung des *Pioneer House*, eines kleinen therapeutischen Heims mitten in einem Elendsviertel von Detroit (vgl. dazu S. 10 in der Einleitung).

5 *Planning ignoring*

6 *Signal interference*

7 *Proximity and touch control*

8 *Involvement in interest relationship*

9 *Hypodermic affection;* »hypodermisch« wird in der Medizin im Zusammenhang mit Injektionen gebraucht und heißt »unter die Haut« im Gegensatz zu »in den Muskel«. In diesem Zusammenhang ist damit gemeint, daß die affektive Zuwendung nur leicht, nur unauffällig, nicht aber massiv und allzu merklich gegeben werden soll.

10 *Tension decontamination through humor*

11 *Hurdle help*

12 *Interpretation as interference*

13 *Regrouping;* zu den Schwierigkeiten der Gruppenzusammensetzung vgl. Fritz Redl: The art of group composition. In: F. Redl: When We Deal with Children. New York 1966, S. 236 bis 253.

14 *Restructuring*; an dieser Stelle weisen die Autoren in einer Fußnote darauf hin, daß dieser Begriff aus der Wahrnehmungspsychologie stammt und von Gestaltpsychologen und Sozialpsychologen wie Kurt Lewin und Ronald Lippitt auf soziale Phänomene übertragen wurde.

15 Das Greenfield Museum ist ein technisches Museum in der Nähe von Detroit, das dem Deutschen Museum in München vergleichbar ist.

16 Mit der therapeutischen Programmgestaltung zur Stützung der Ich-Funktionen befaßt sich das 2. Kapitel von »Controls From Within«.

17 *Direct appeal*

18 Das geschieht im 4. Kapitel (*Techniques for the clinical exploitation of life events*) des Buchs »Controls From Within«, S. 246–308.

19 *Limitation of space and tools*

20 *Antiseptic bouncing;* vgl. hierzu auch Anm. 3.

21 *Limit rub-in*

22 Vgl. hierzu den Aufsatz von Fritz Redl: Das »Life Space Interview« (Therapeutisches Gespräch im aktuellen Lebenskontext). In: F. Redl: Erziehung schwieriger Kinder. München 1971, S. 48–71.

23 Ausführlich hierzu siehe Fritz Redl: Das therapeutische Milieu. In: F. Redl: Erziehung schwieriger Kinder. München 1971, S. 72–98.

24 *Physical restraint;* das »physische Eingreifen« besteht also in einer Einschränkung der körperlichen Aktionsfreiheit.

25 »strategisch« bedeutet in diesem Zusammenhang stets: »auf die pädagogisch-therapeutische Behandlung bezogen«.

26 Vgl. Anm. 18.

27 *Permission and »authoritative Verbot«*

28 *Promises and rewards*

29 »Lustprinzip«, ein Begriff aus der Psychoanalyse, der eines der beiden Prinzipien bezeichnet, die das psychische Geschehen beherrschen: Die Gesamtheit der psychischen Aktivität hat zum Ziel, die Unlust zu vermeiden und Lust zu verschaffen.

30 Diese Liste stellt das 3. Kapitel *(The ego that cannot perform)* des genannten Buchs dar, S. 74–140.

31 *Punishments and threats*

32 Vgl. hierzu Fritz Redl: Der Mechanismus der Strafwirkung. In: Fritz Redl, Erziehungsprobleme – Erziehungsberatung. München 1978, S. 165–225. Ferner Fritz Redl: Framework for our discussions on punishment. In: F. Redl: When We Deal with Children. New York 1966, S. 355–377.

33 Siehe Anm. 30.

34 In dem genannten Buch S. 141–196.